L'instant présent

Séjour à Bréhat

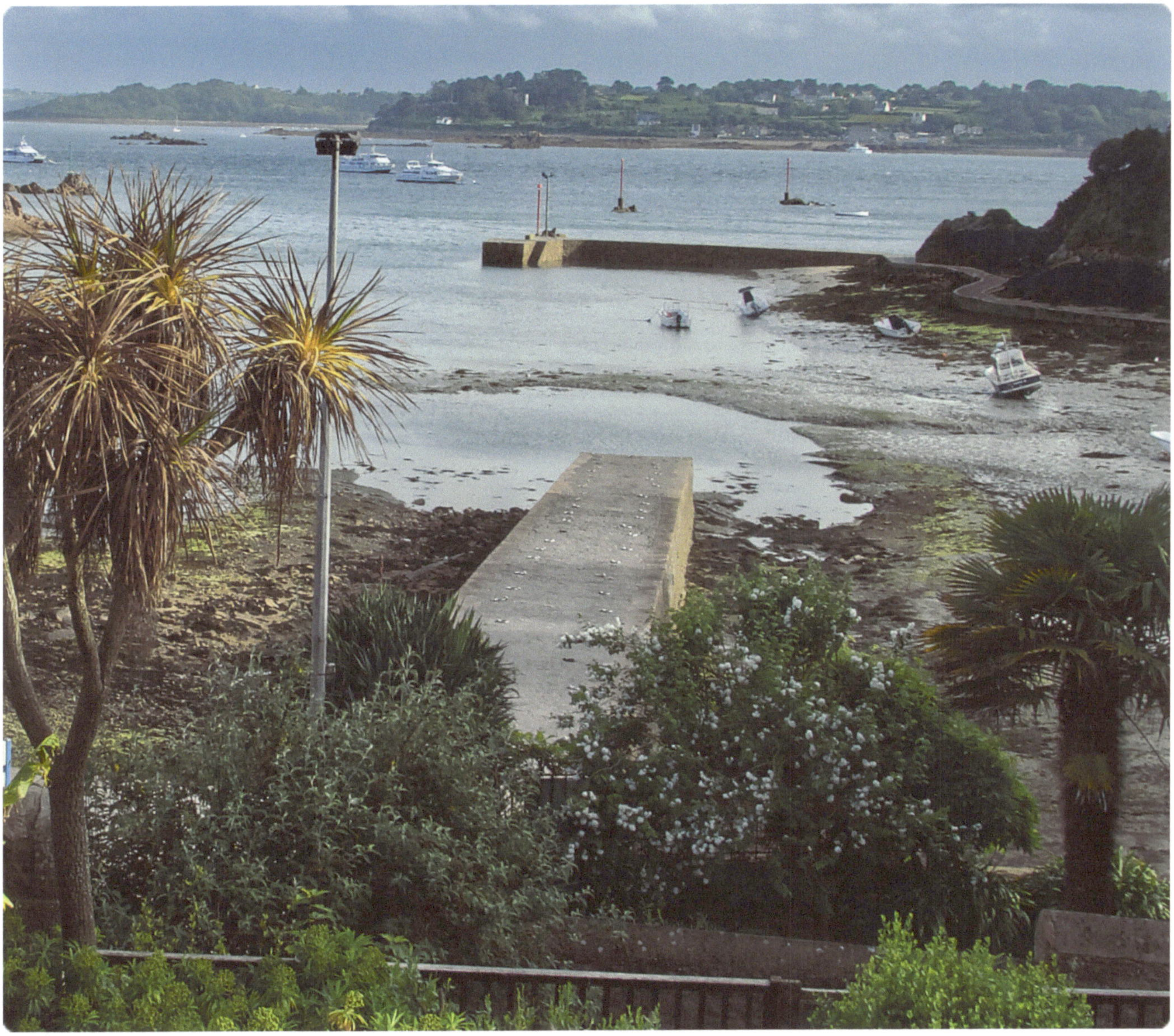

Pascal BERNARDON

UN SÉJOUR SUR L'ÎLE DE BRÉHAT

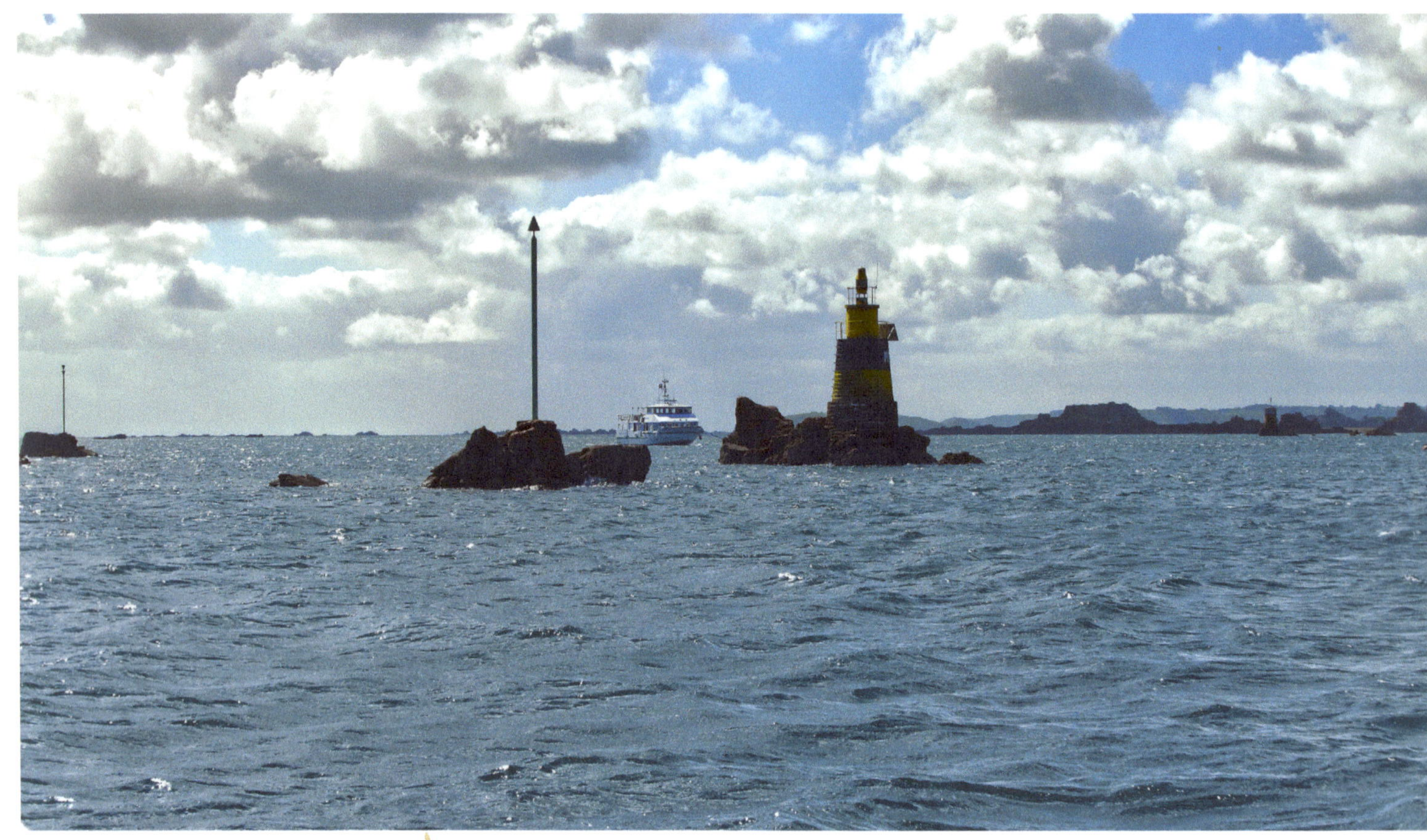

Deux jours sur un territoire préservé

Si vous recherchez un havre de paix, où le soir venu, l'île retrouve toute sa tranquillité, l'île de Bréhat est l'endroit que je vous propose de découvrir.

Bienvenue sur l'île aux fleurs !

L'île de Bréhat fait partie des 15 îles du Ponant. Une association qui a pour objectif de préserver la vie active, sociale et touristique des 16 000 insulaires.

Les 415 insulaires de Bréhat accueillent environ 380 000 visiteurs par an. Ce qui est un véritable challenge pour préserver la faune et la flore de l'île.

2 îles principales reliées par le pont-chaussée Vauban.

L'archipel de Bréhat est constitué de 2 îles principales et de 86 îlots et récifs voisins.

Le 13 juillet 1907, Bréhat fut le premier site naturel classé en France !

Quelques données géographiques :

✦ 3,5 km de long x 1,5 km de large

✦ 318 hectares

✦ Altitude maxi : 34 m

✦ Tour de l'île : 13,5 km

Oubliez la voiture. Ici on ne circule qu'à vélo ou à pied. Un rythme idéal pour arpenter l'île au gré de l'un ou l'autre de ses cinq sentiers de randonnée.

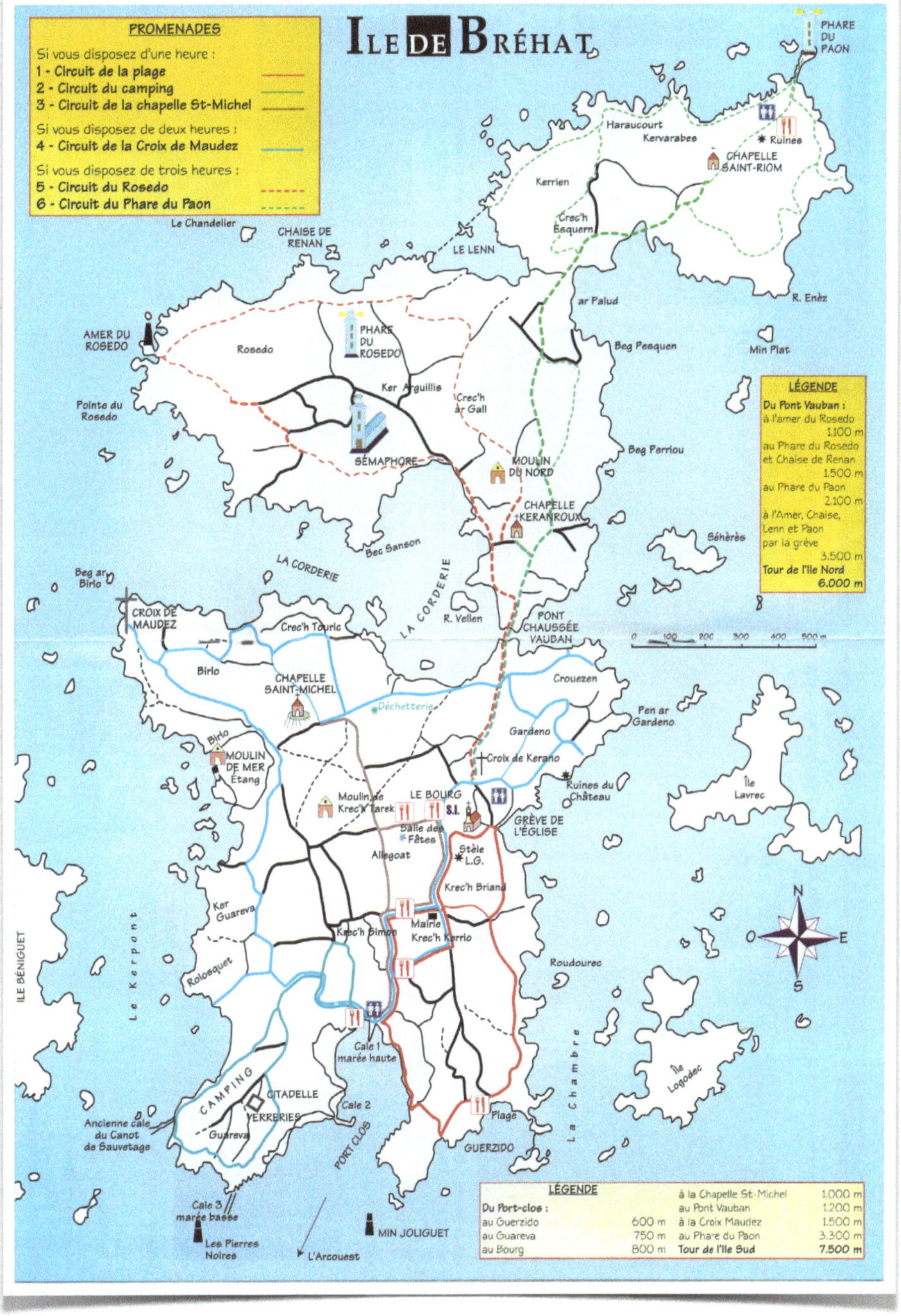

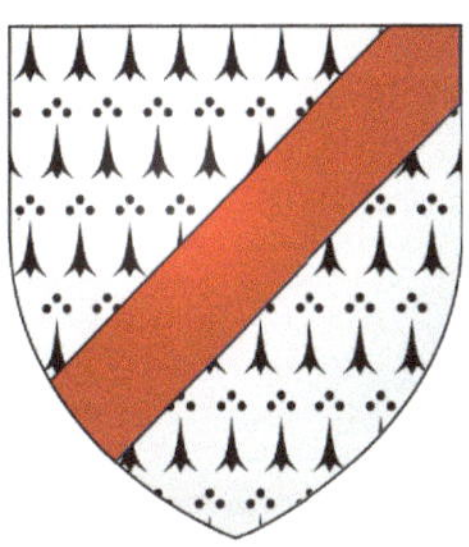

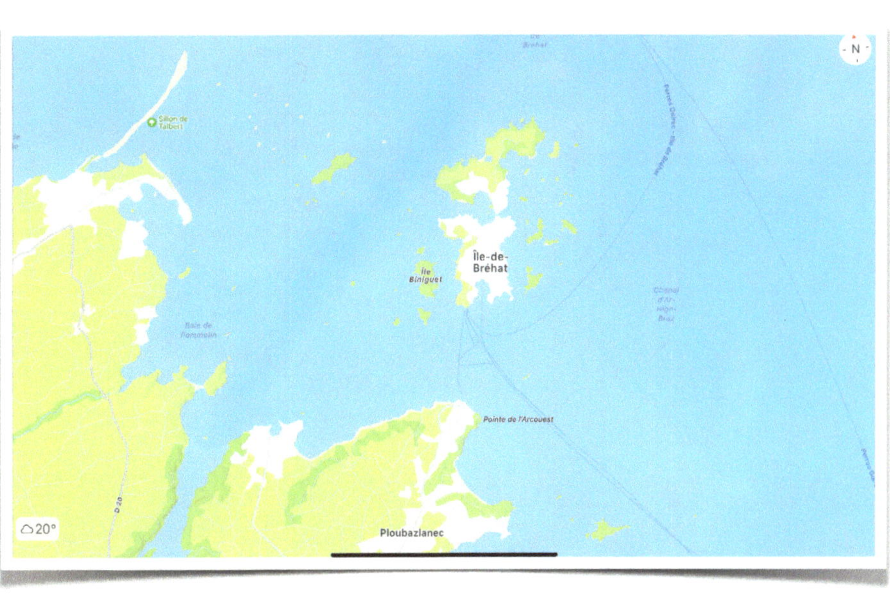

L'île de Bréhat est située au large de la pointe de l'Arcouest, un site naturel protégé situé sur la commune de Ploubazlanec.

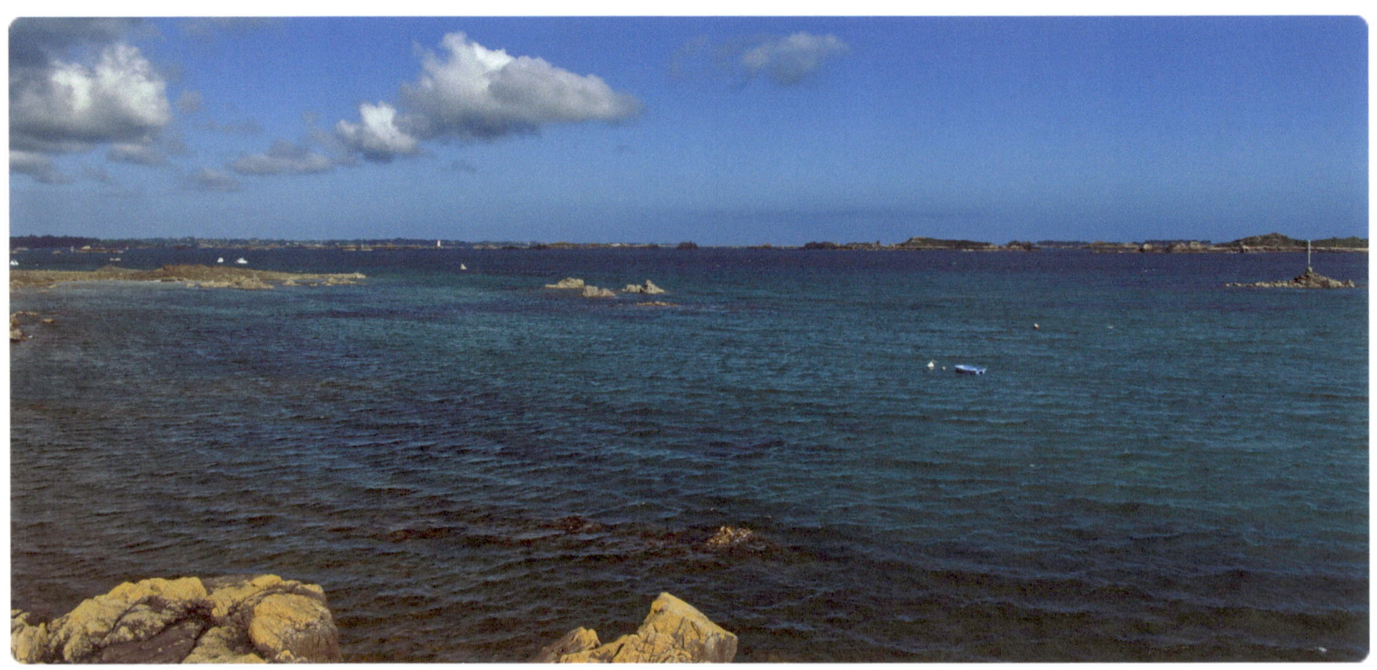

L'île de Bréhat est visible de la pointe de l'Arcouest. On aperçoit les 3 cales où accostent les vedettes qui desservent l'île toute l'année.

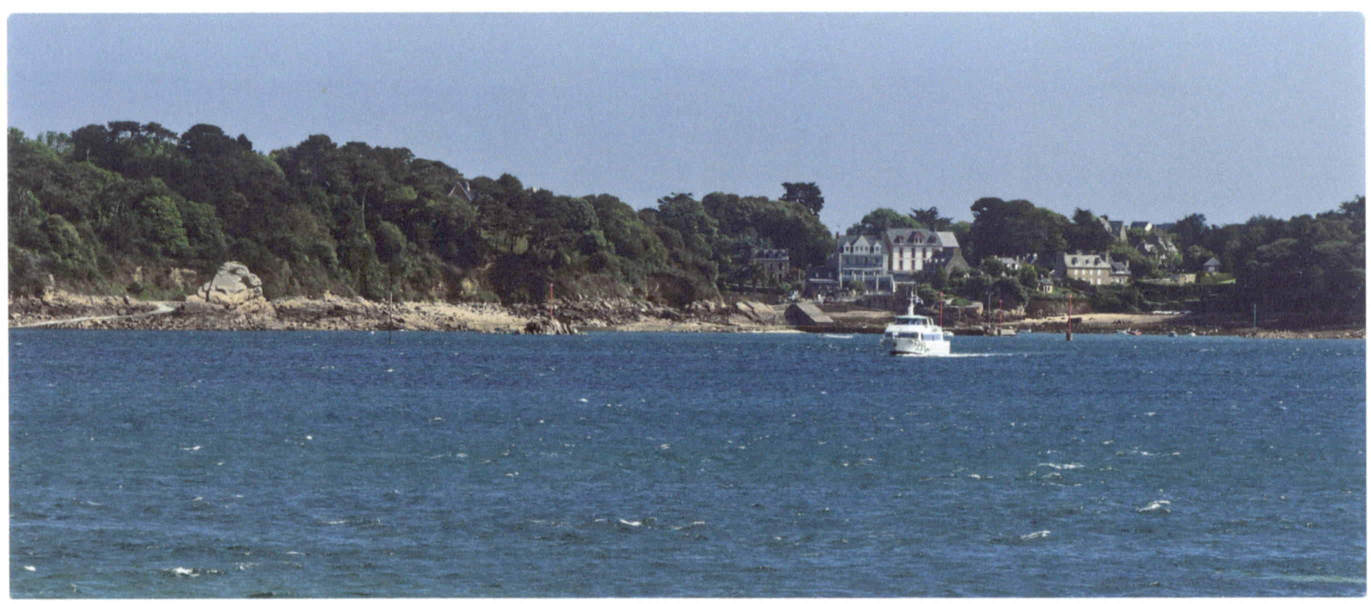

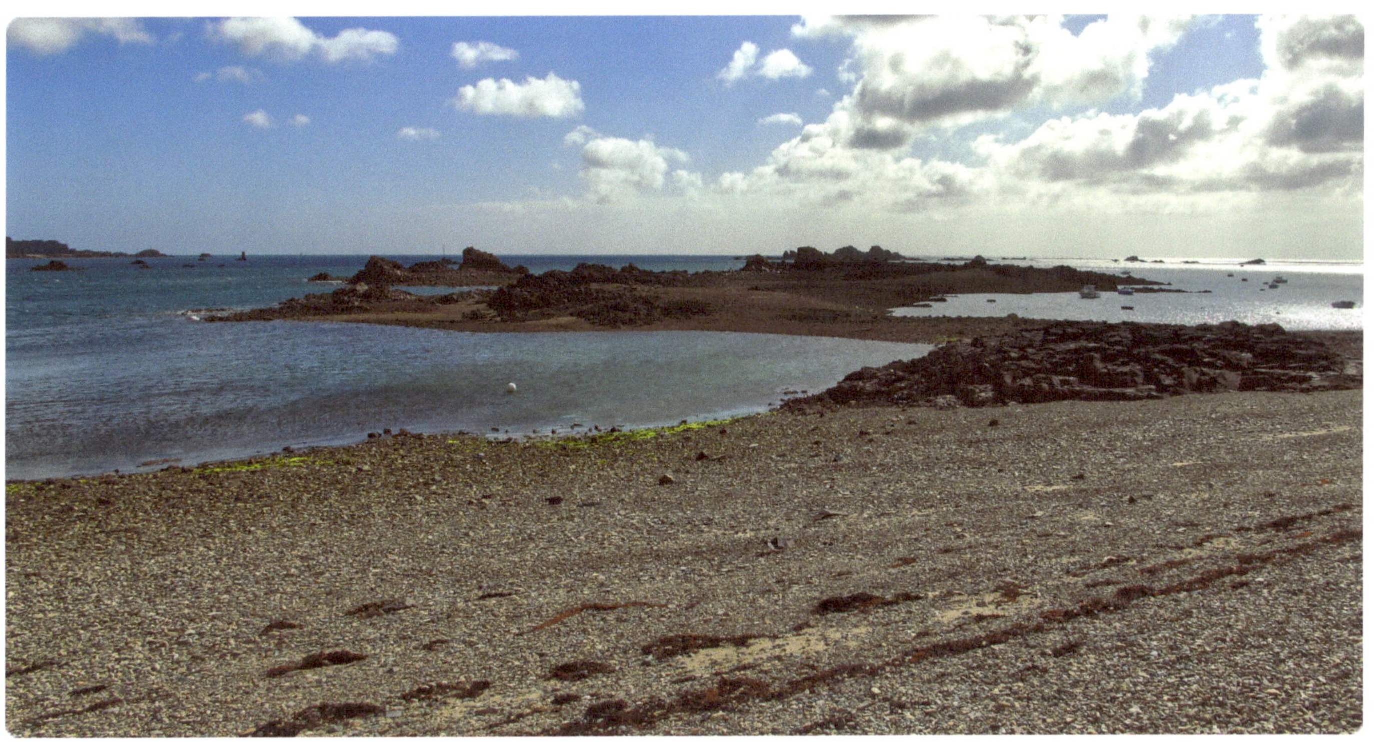

En attendant le départ de la navette, nous nous baladons sur cette magnifique côte de l'Arcouest.

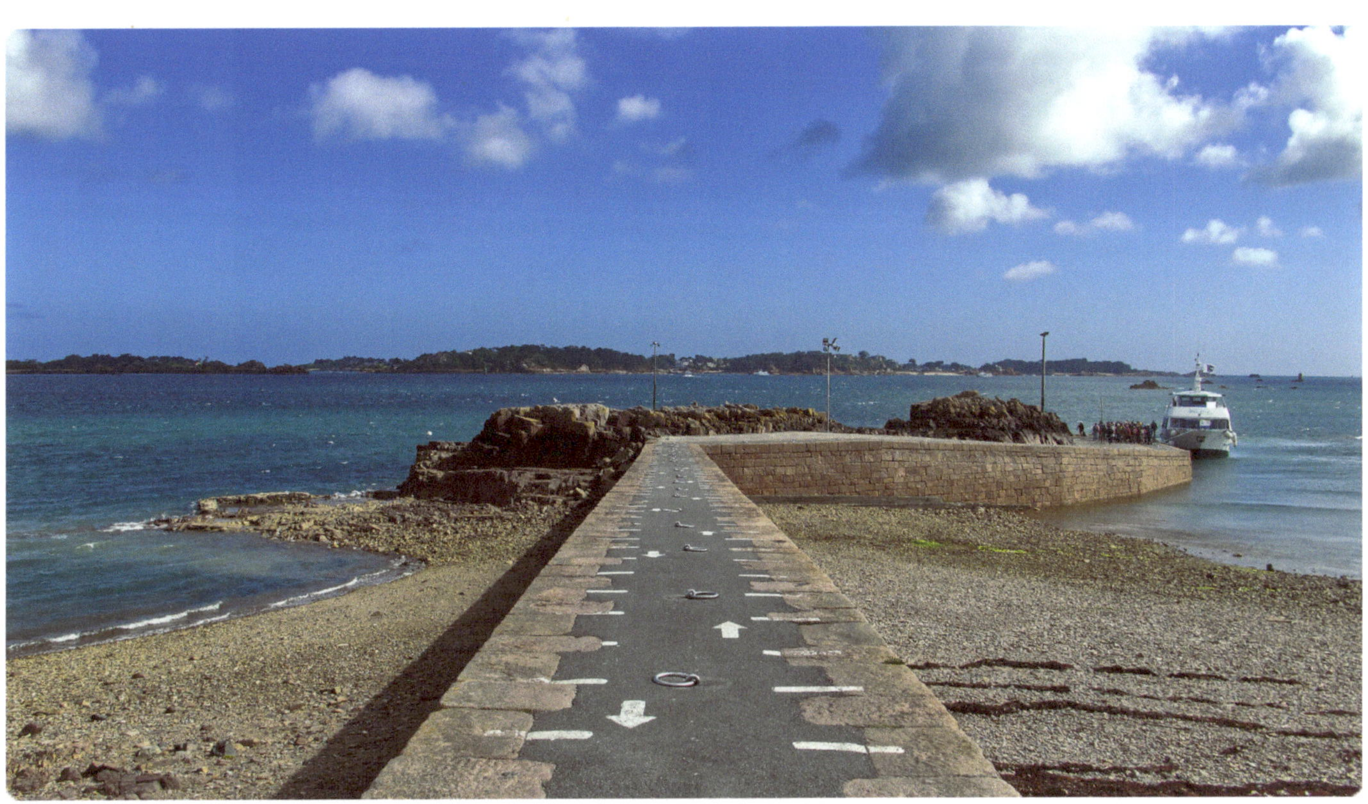

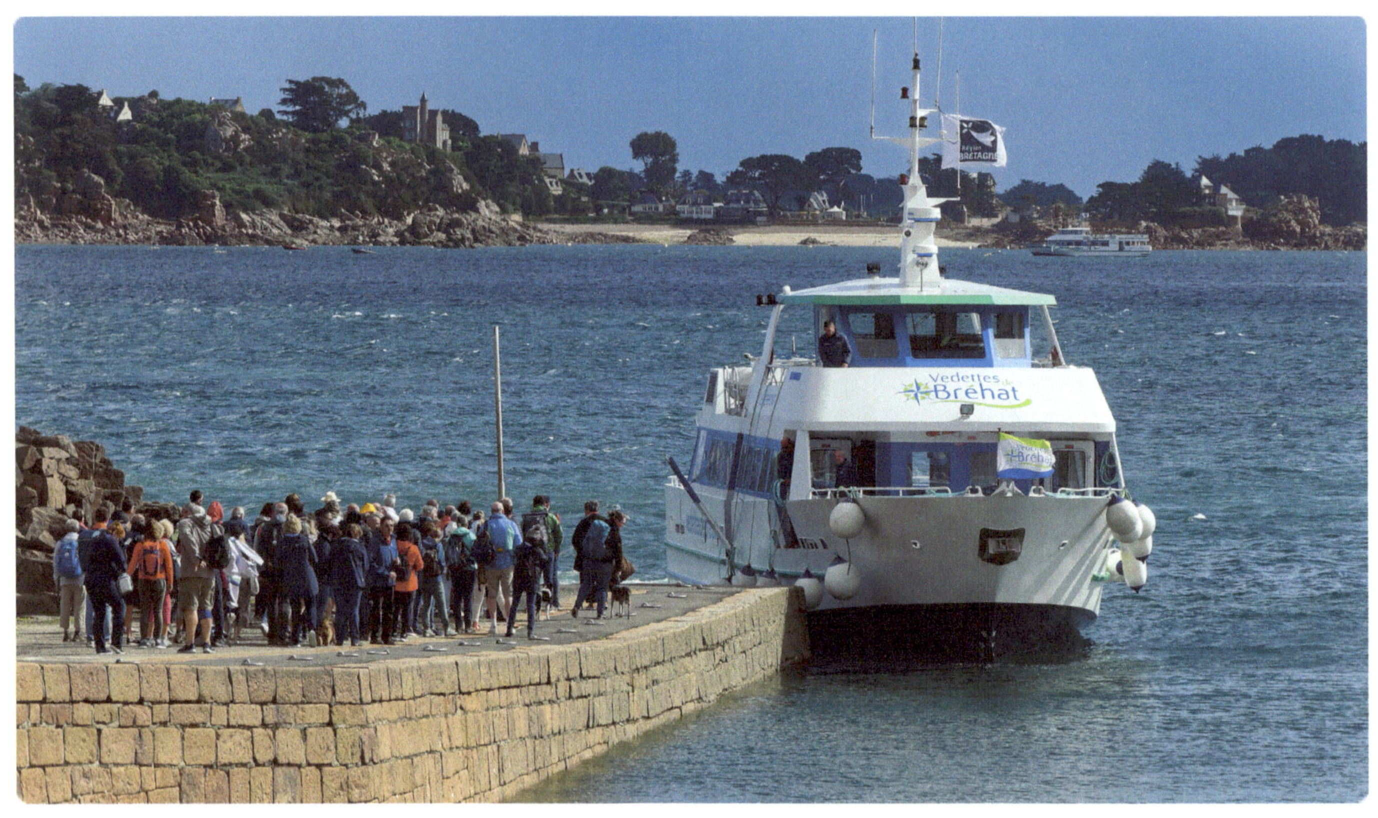

Plusieurs opérateurs assurent quotidiennement la liaison entre le continent et l'île de Bréhat. Dix minutes de traversée permettent de rejoindre une des 3 cales d'accostages en fonction des heures de marées.

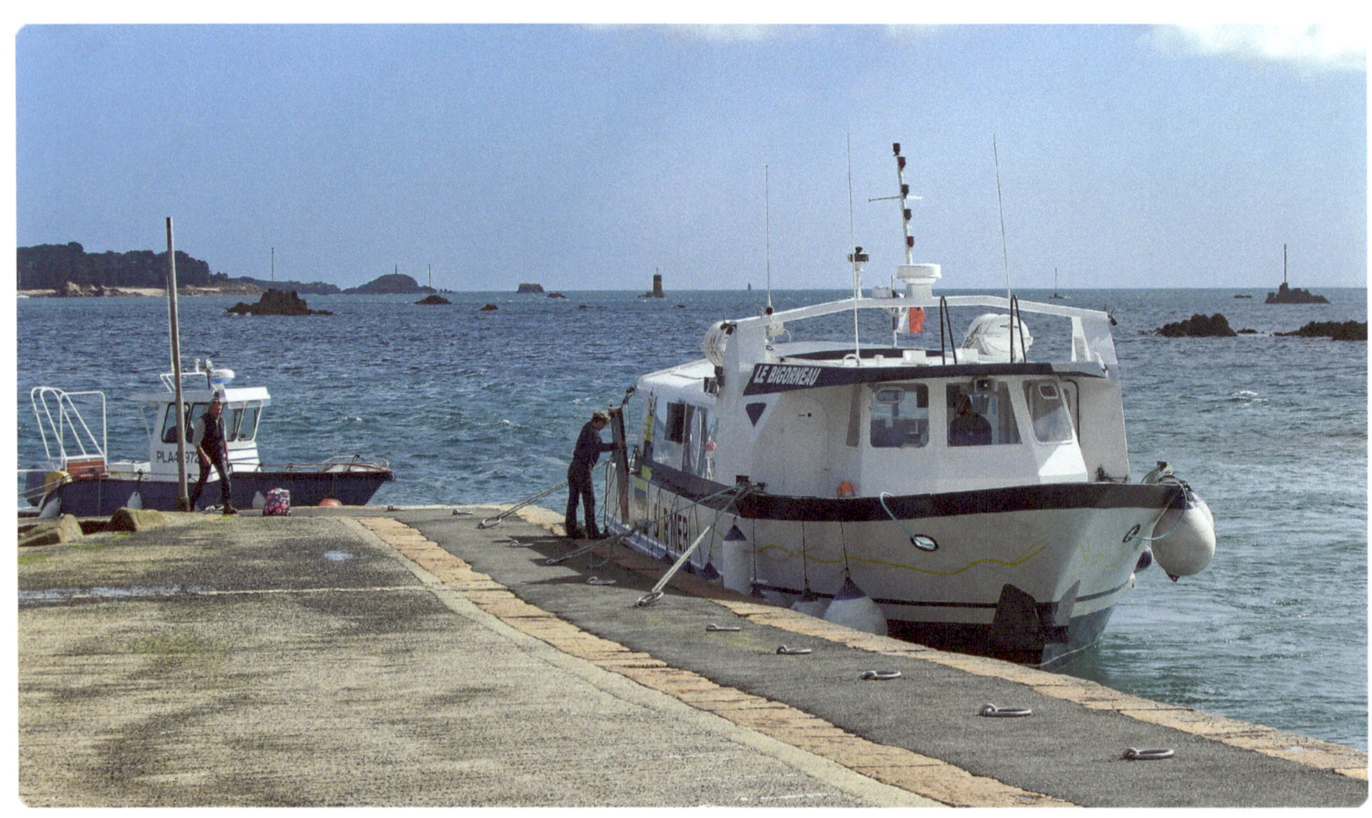

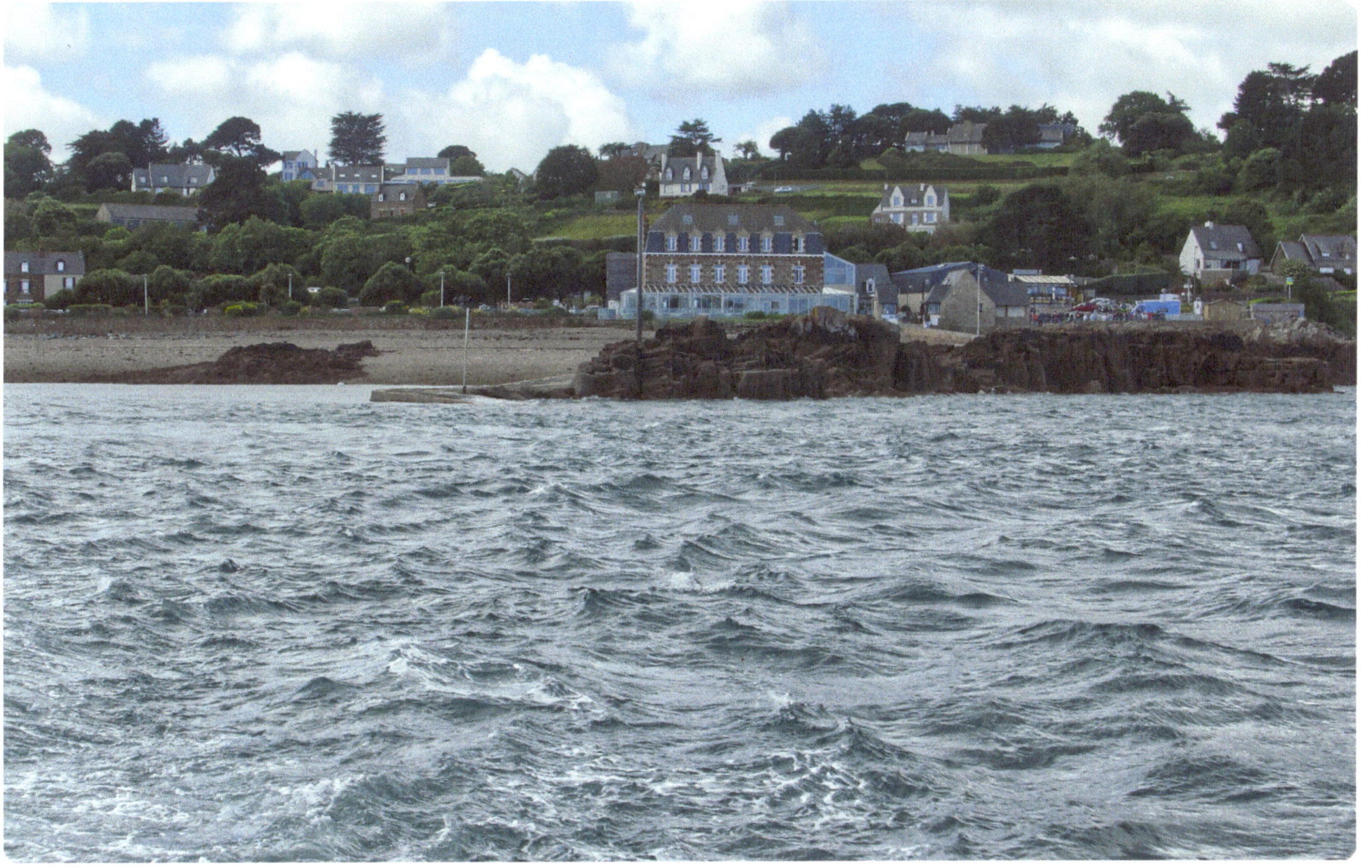

En nous éloignant du quai, l'horizon nous offre une vue sur l'hôtel des Belles Terrasses et de belles villas.

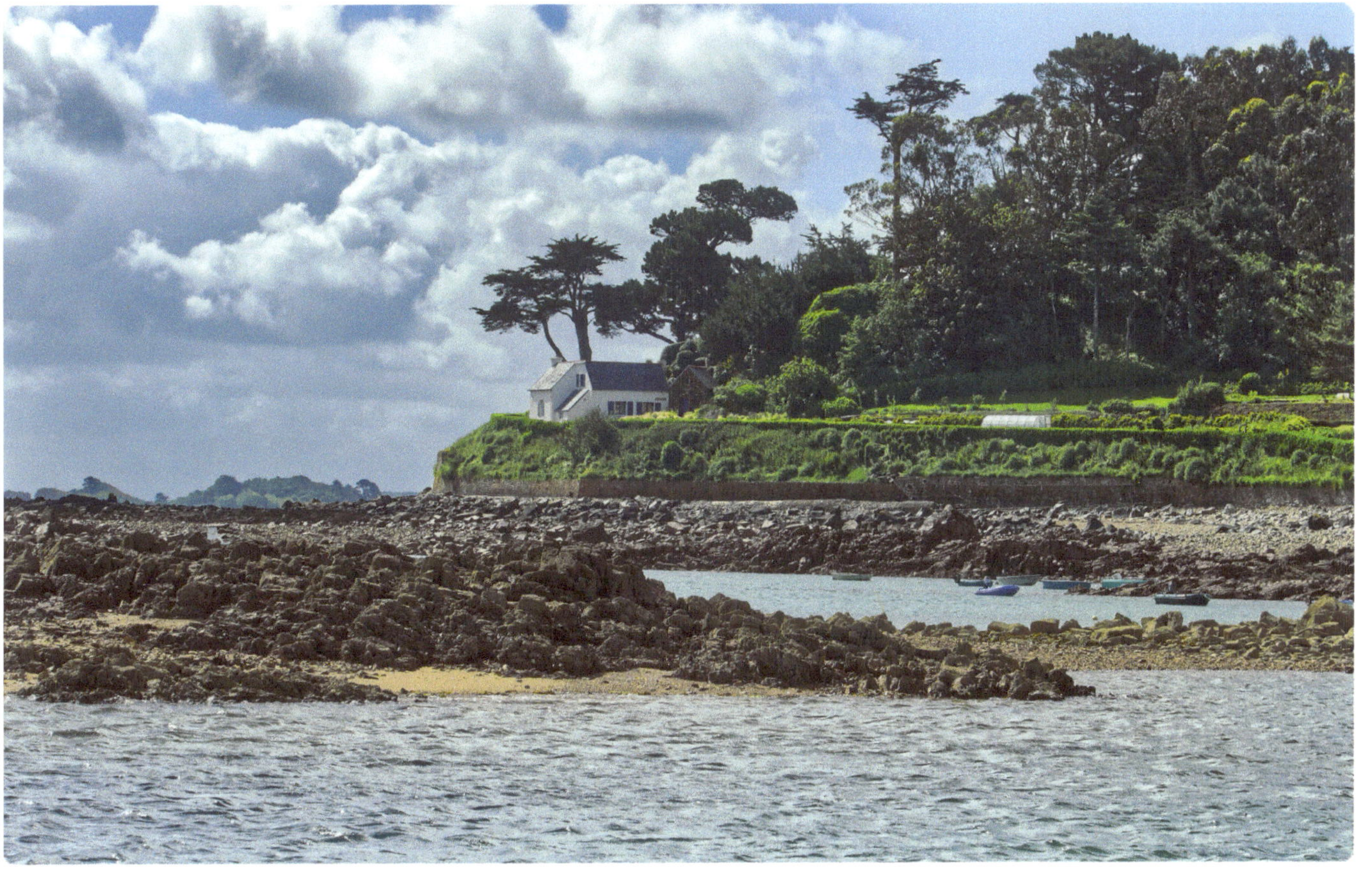

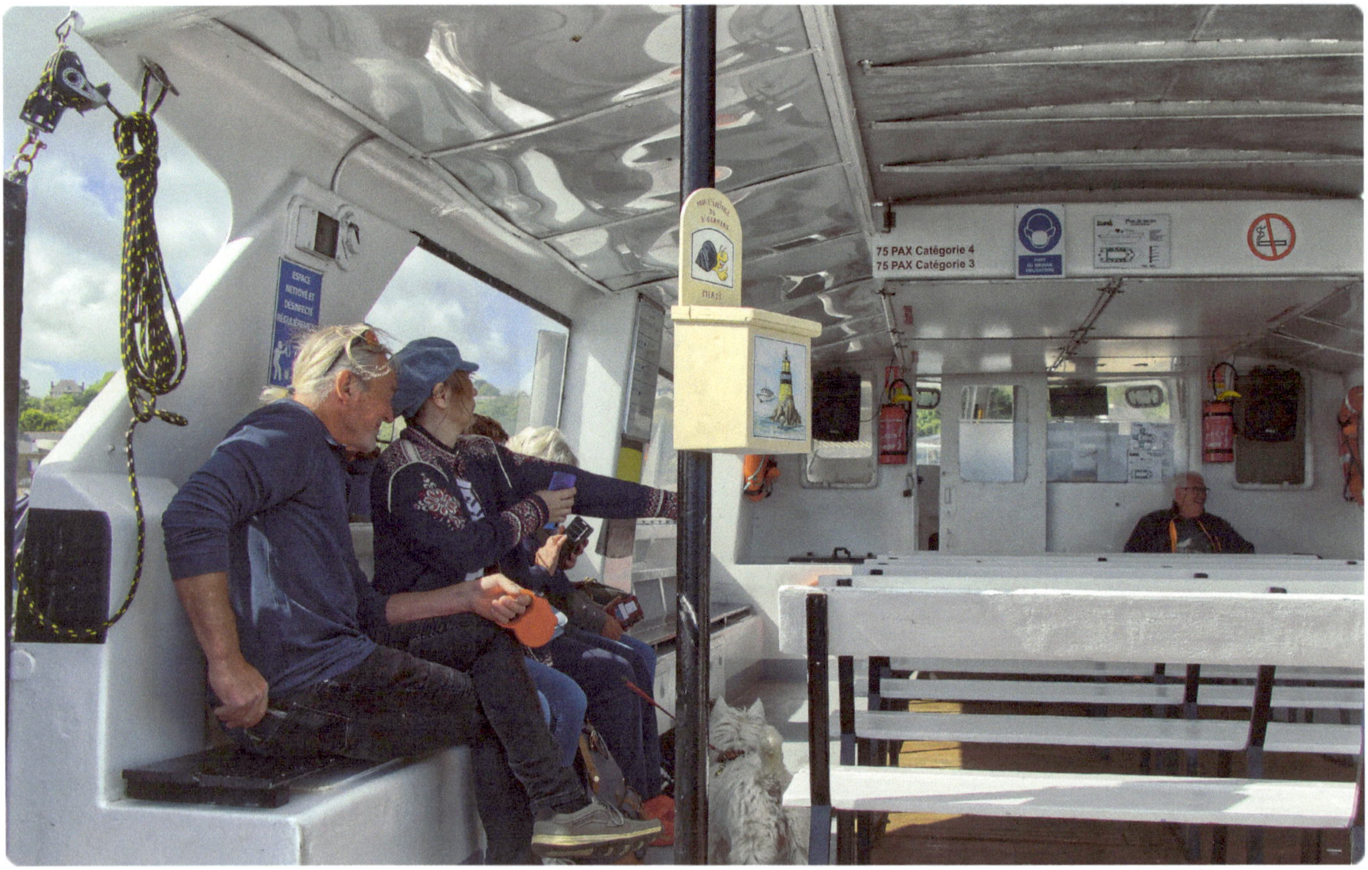

Sur notre navette, pas totalement pleine en cette période de l'année, on croise des bateaux de pêche et de plaisance.

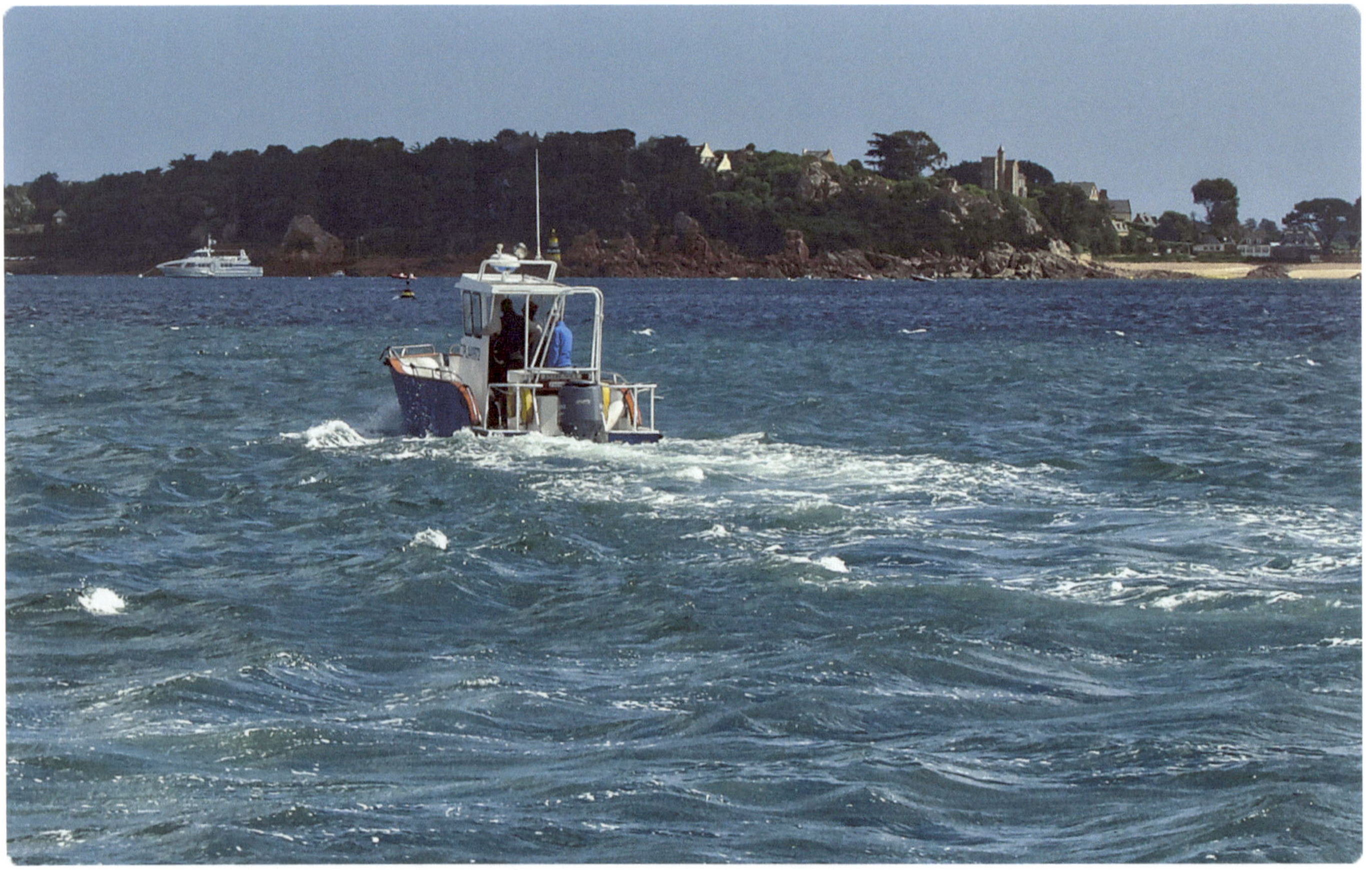

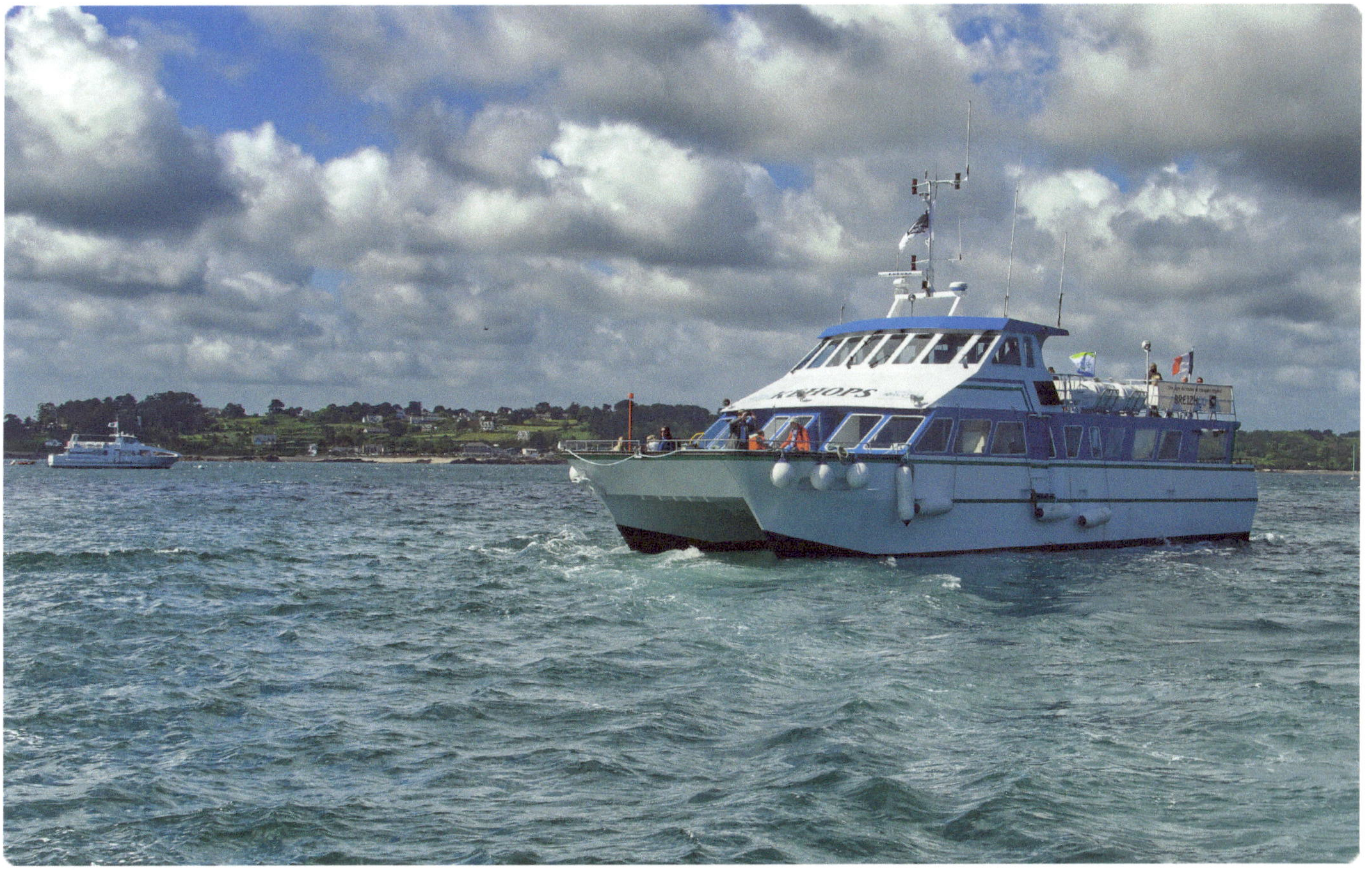

On passe devant la cale des pointes noires qui est utilisée lorsque le coefficient est bas ou à marée basse.

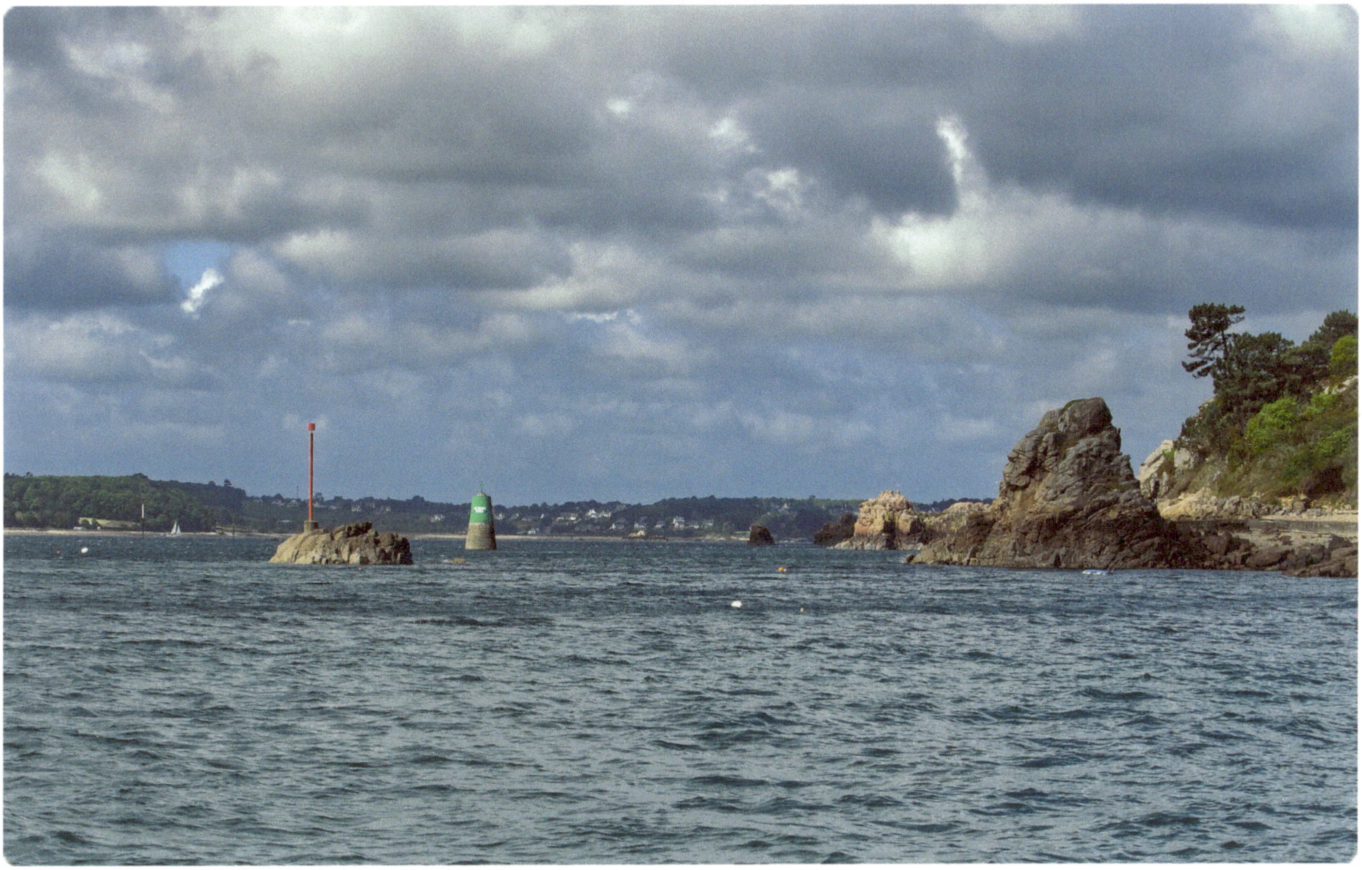

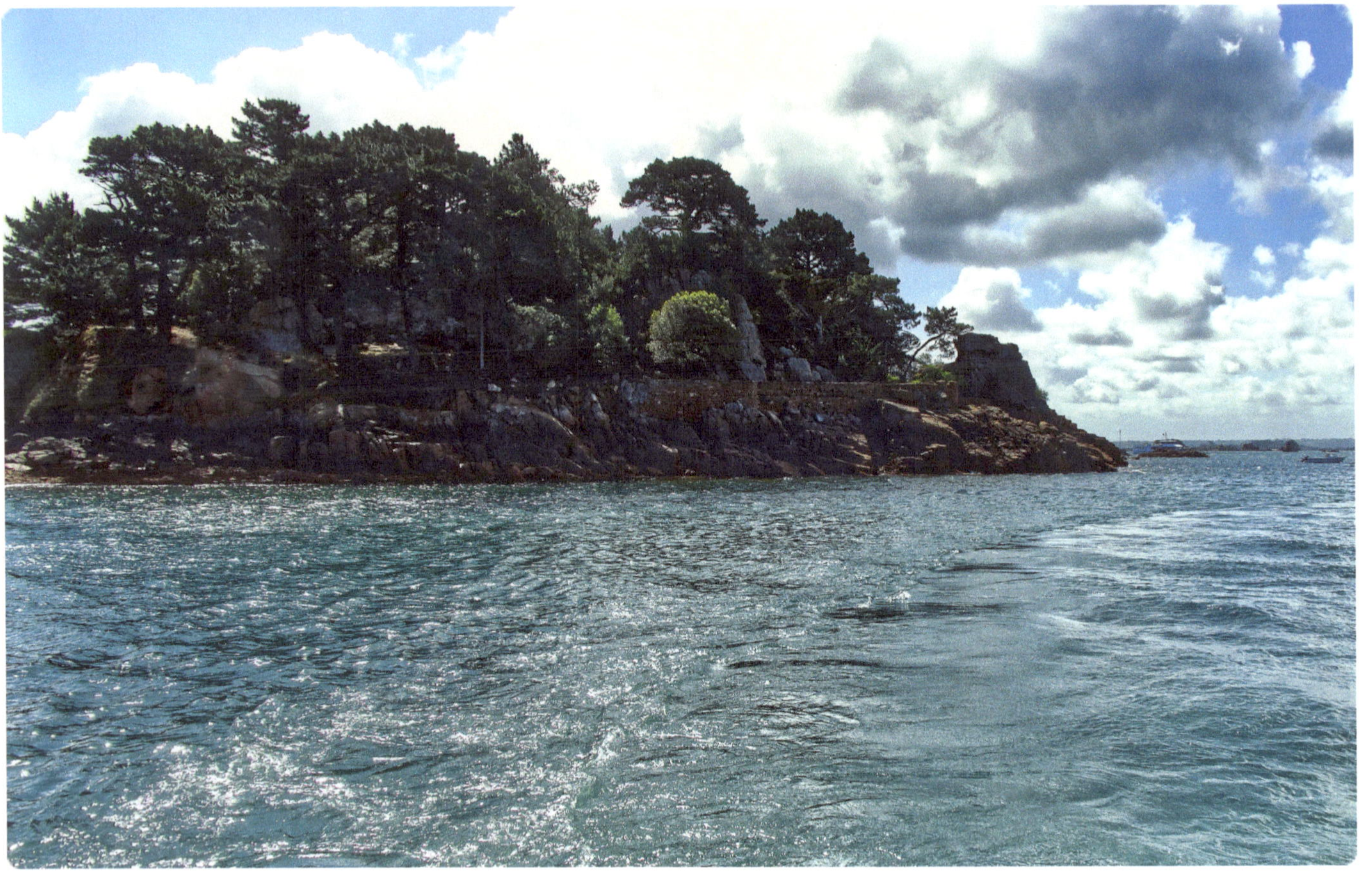

Notre navette se rapproche du Port Clos, point d'entrée sur l'île.

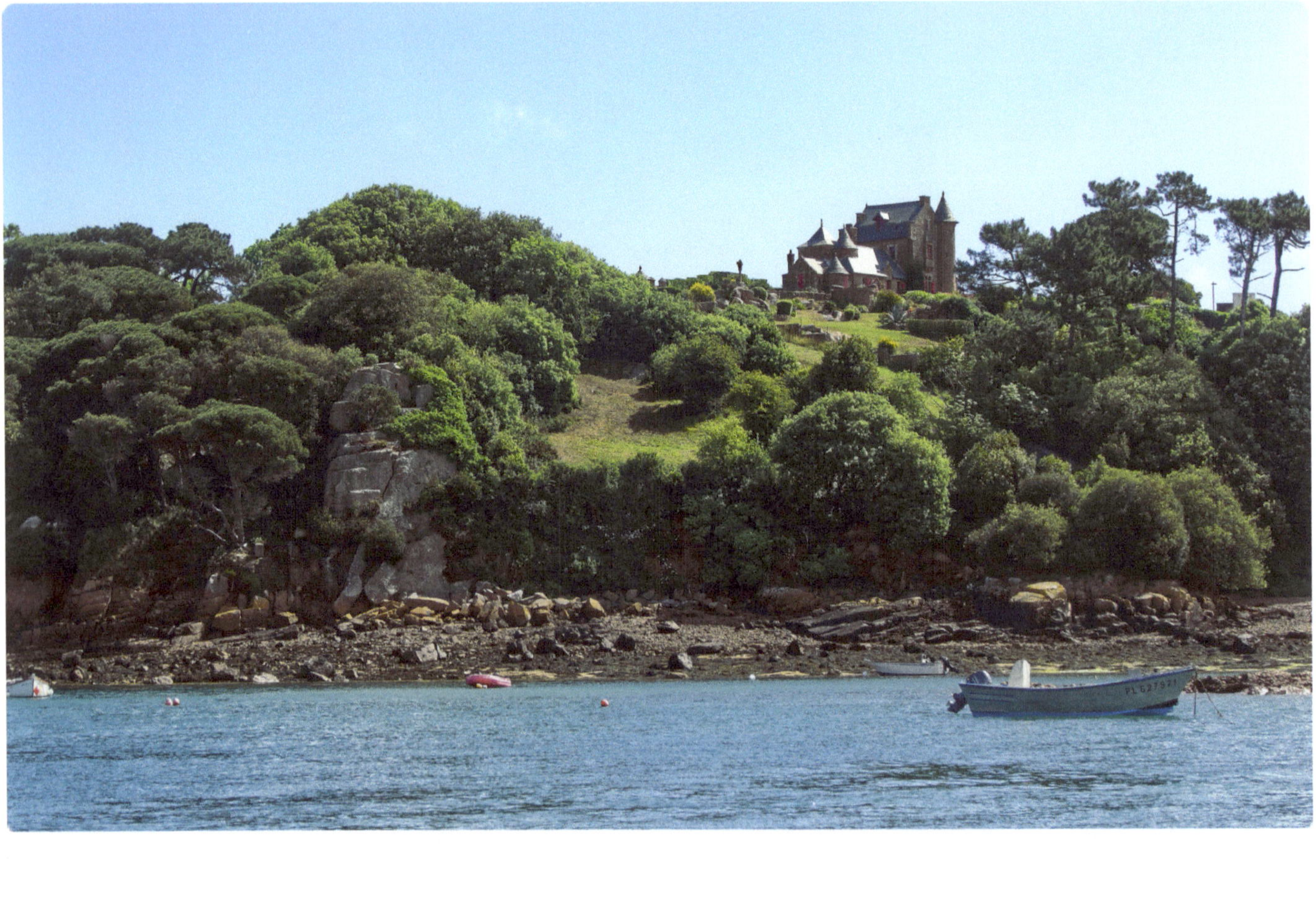

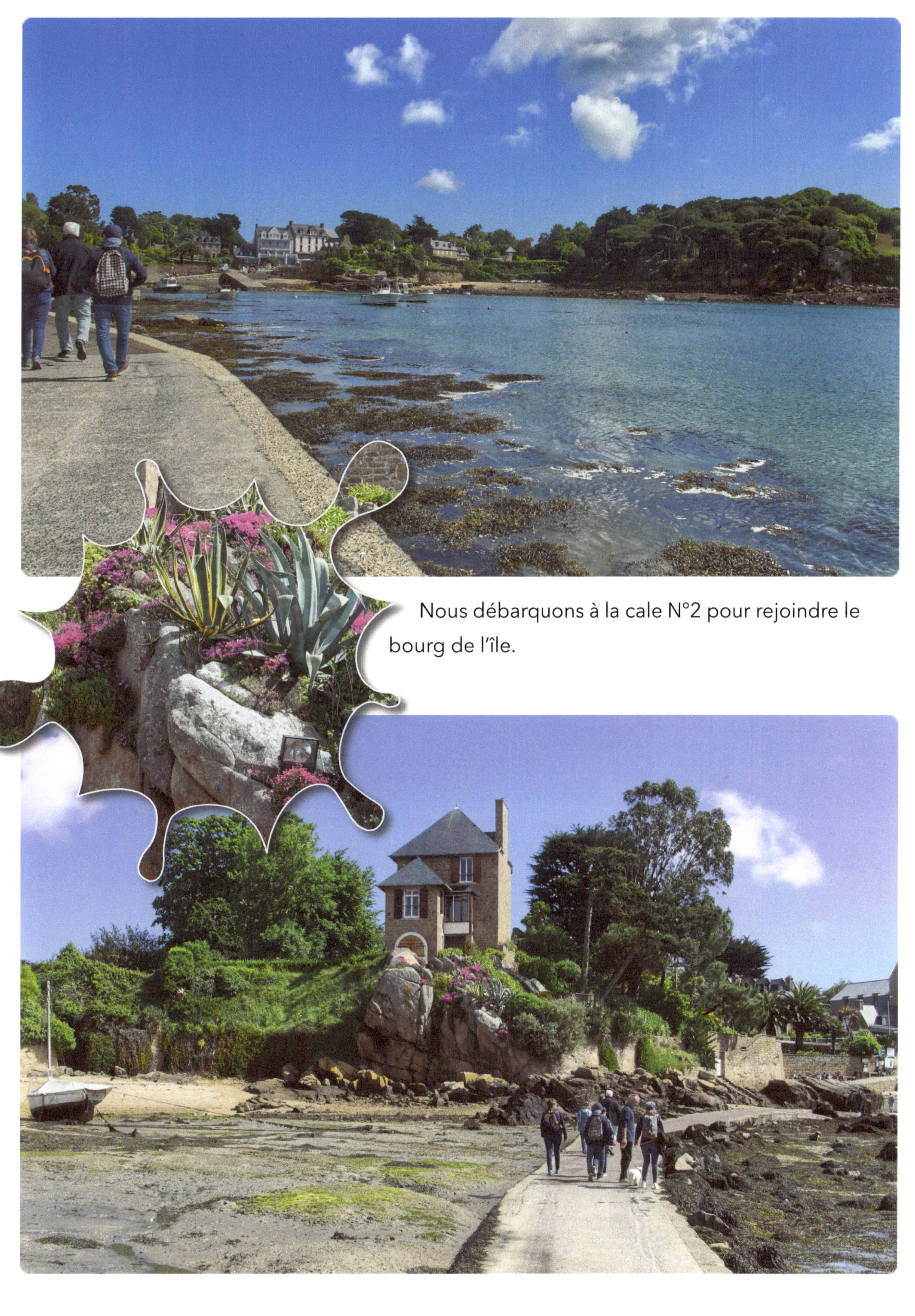

Nous débarquons à la cale N°2 pour rejoindre le bourg de l'île.

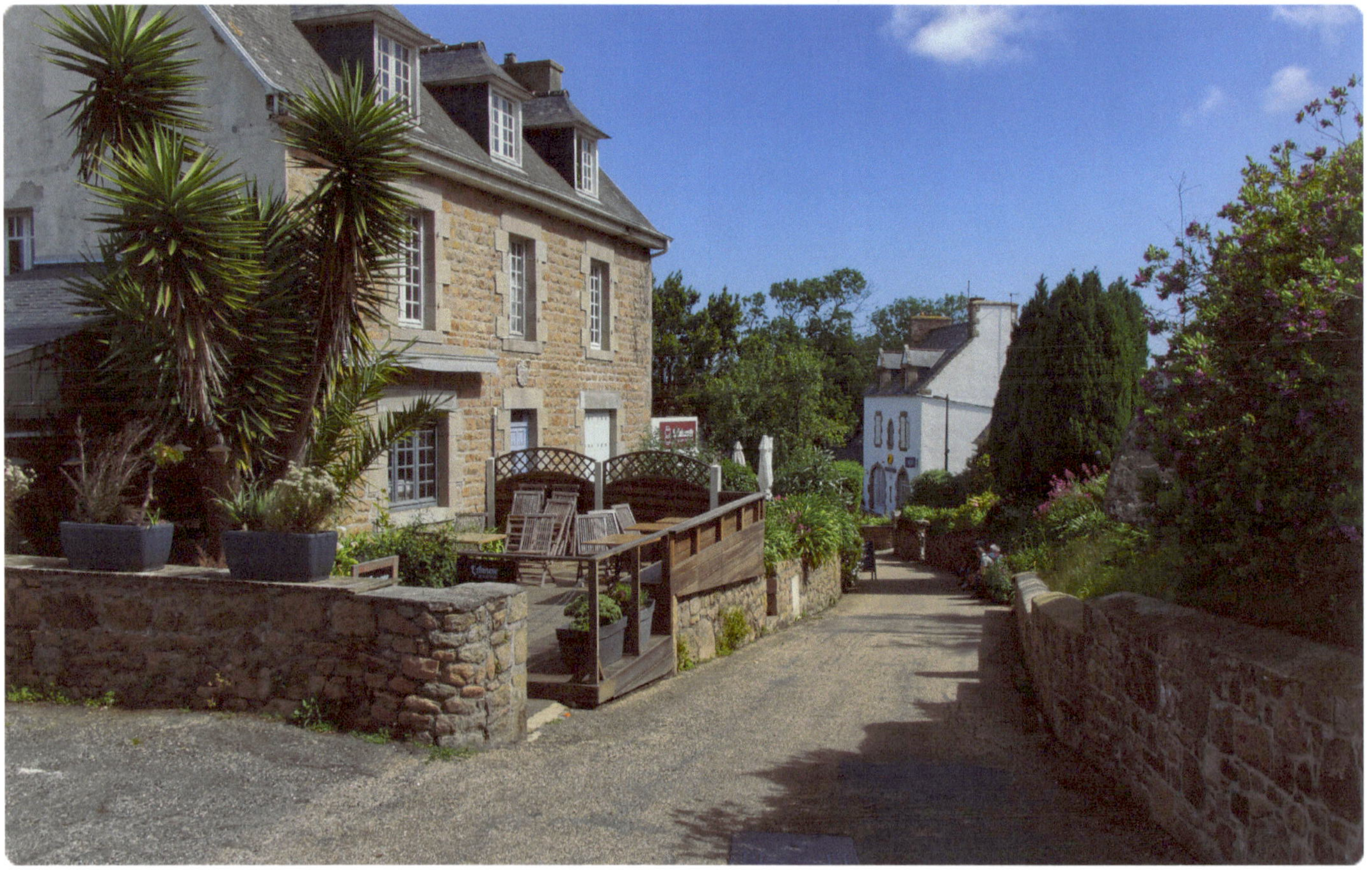

Après avoir déposé nos bagages dans notre chambre d'hôtes « Men Joliguet », nous entamons la découverte de l'île aux fleurs.

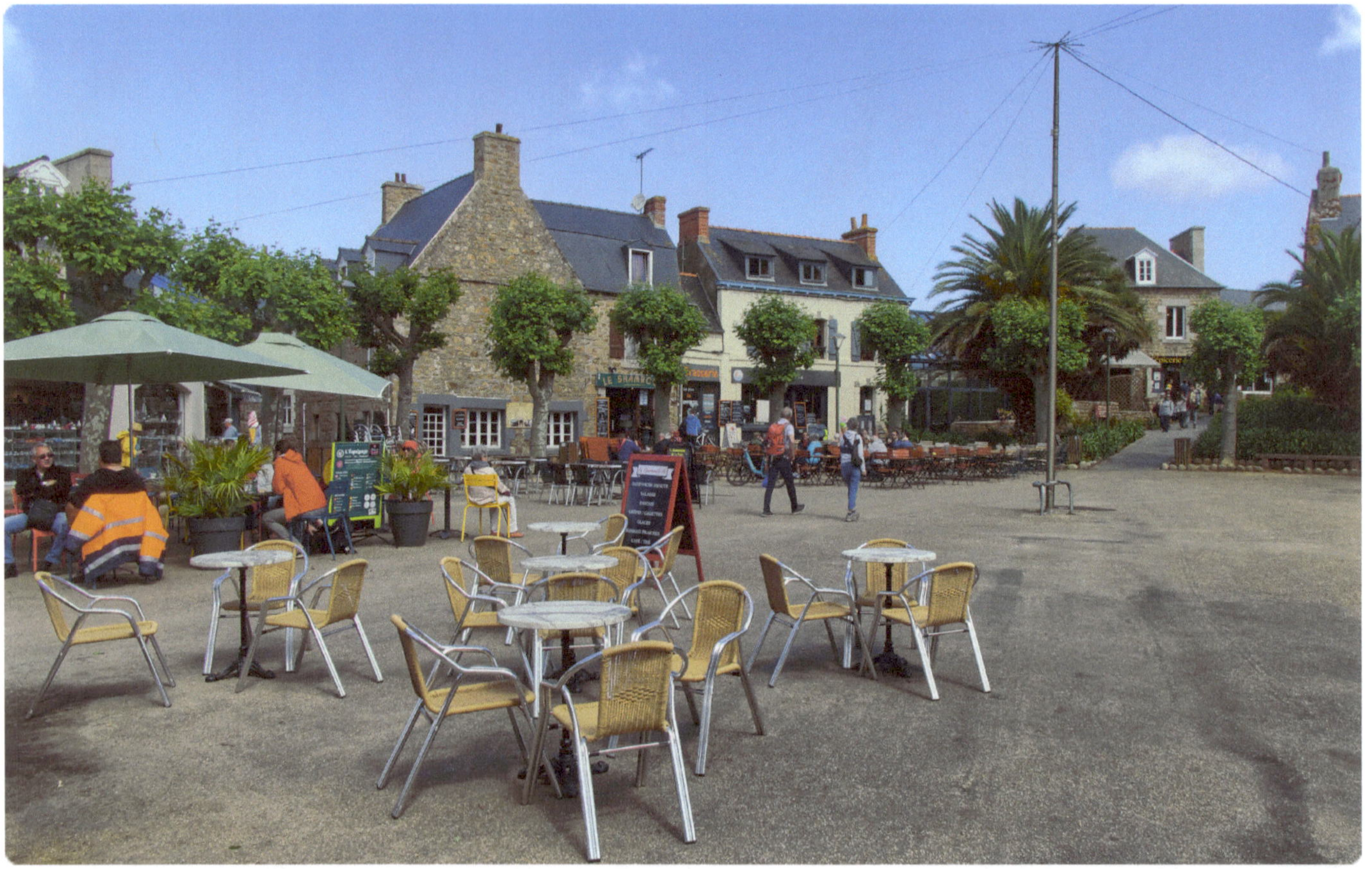

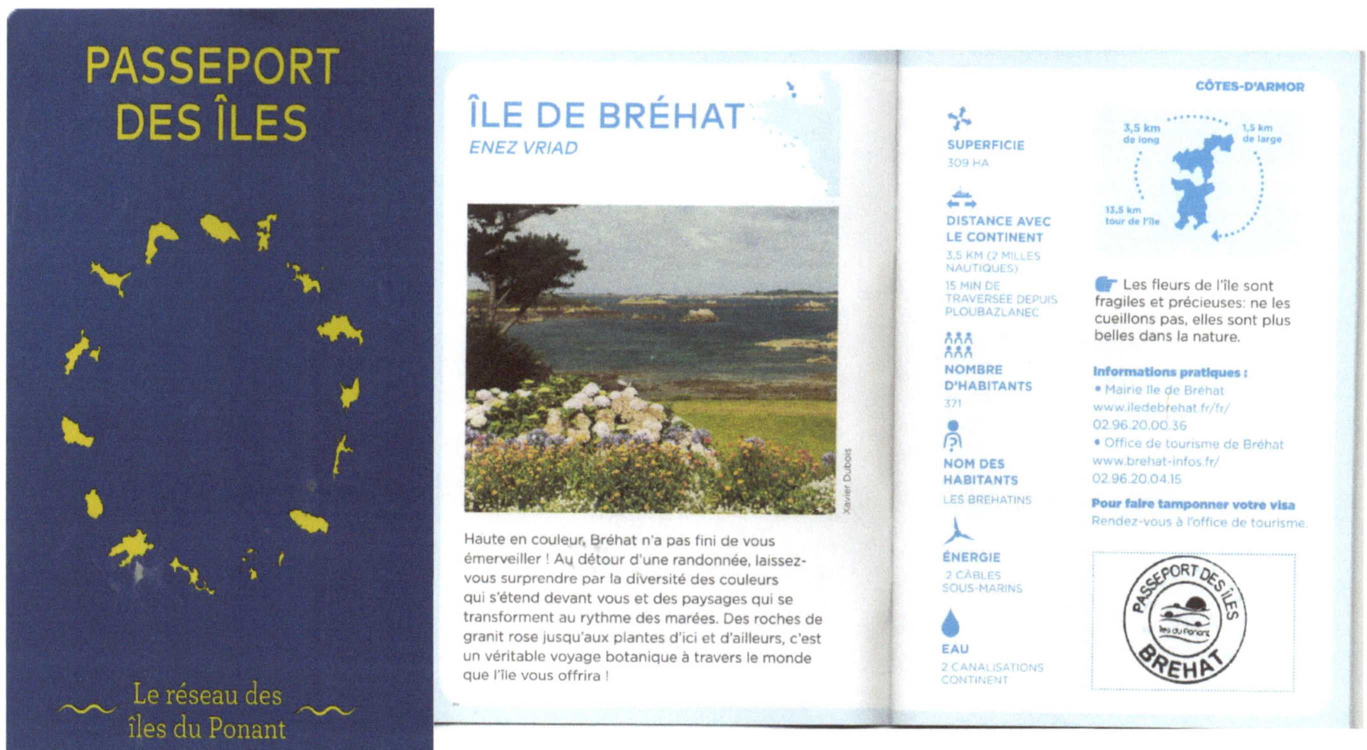

Le passeport des îles du Ponant : je vous invite à le récupérer à l'office du tourisme de l'île et de le faire tamponner à chacune de vos visites sur une des 15 îles.

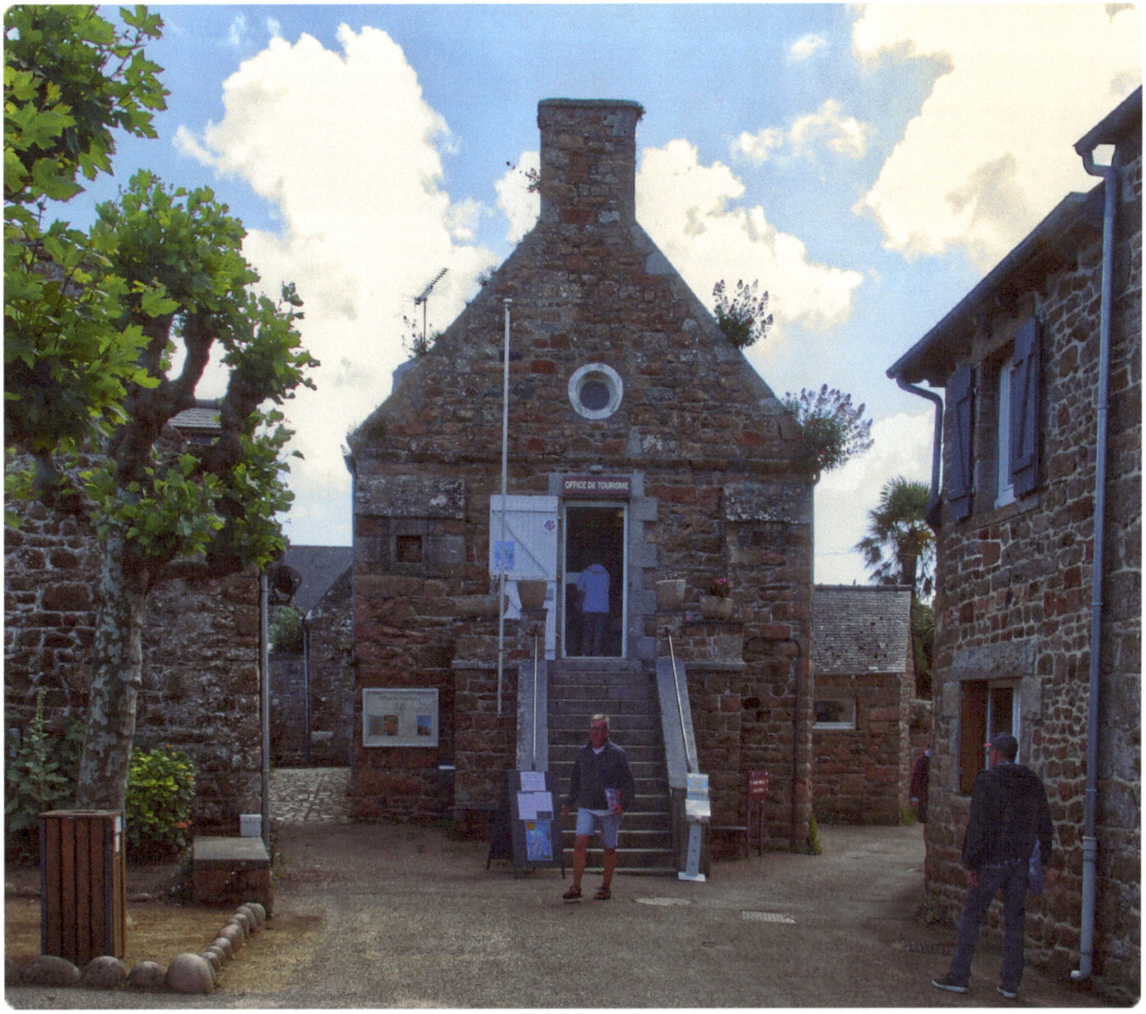

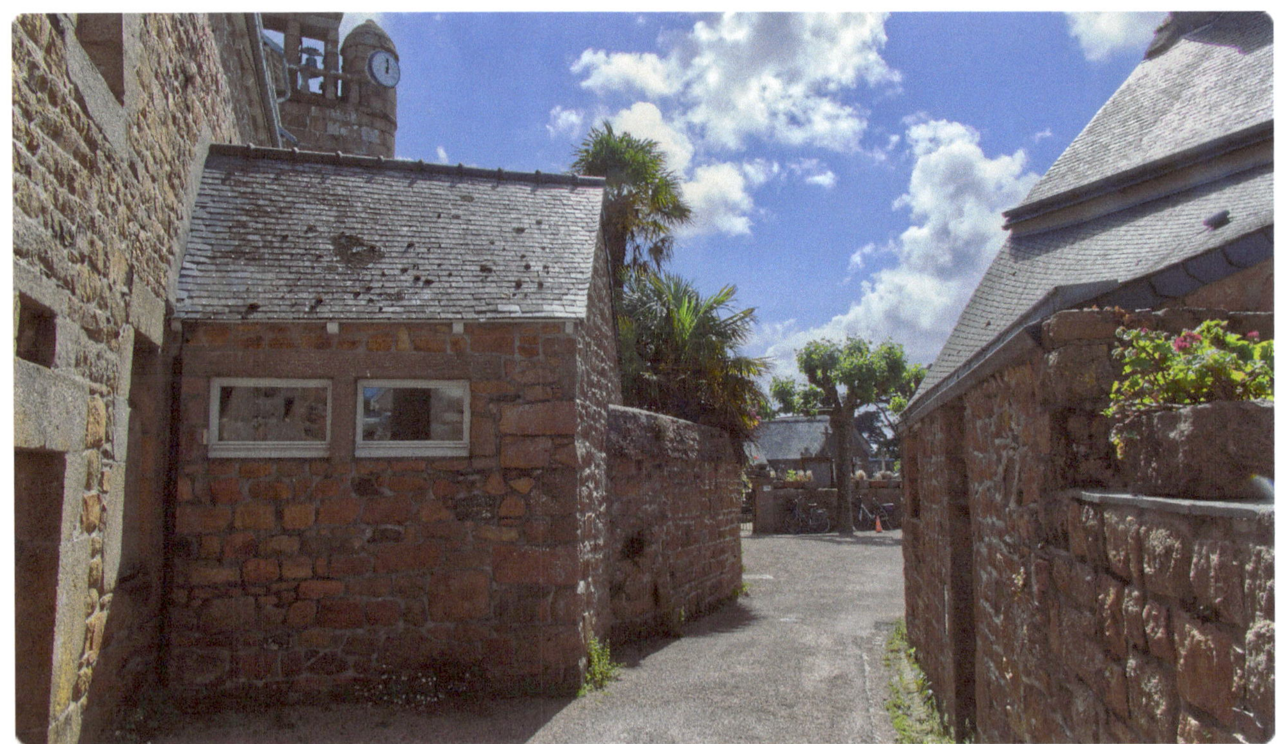

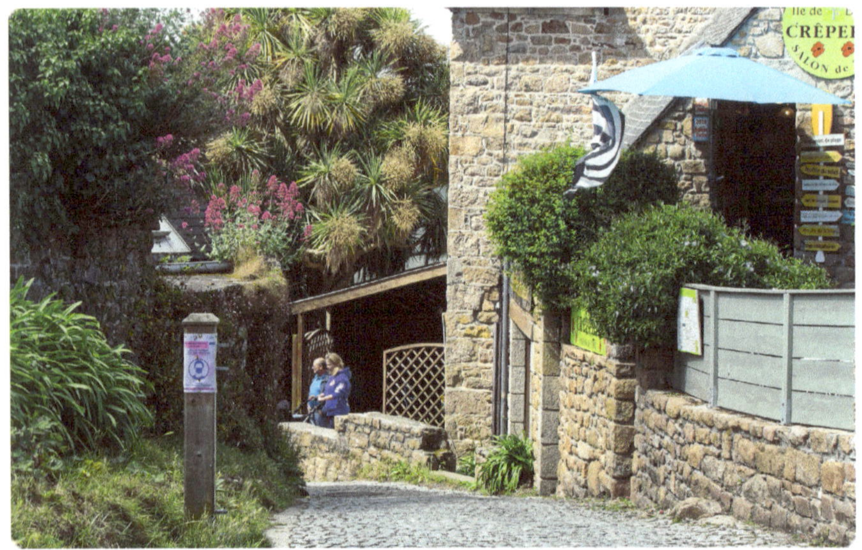

Après un déjeuner crêpes, nous partons visiter le nord de l'île.

A nous le phare du Paon !

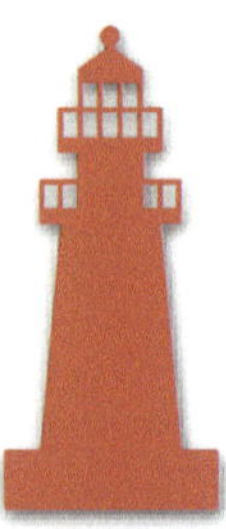

A la sortie du bourg, nous croisons la Croix de Kerano. Cette croix de chemin a été dressée, selon la légende, par le père Maunoir, en 1642, suite à une mission religieuse.

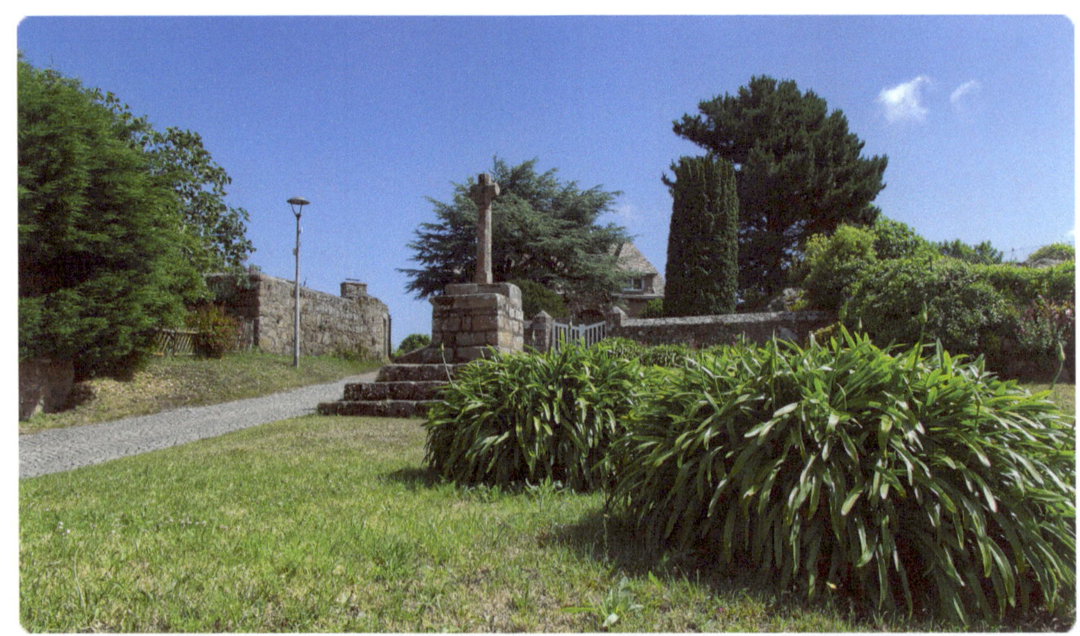

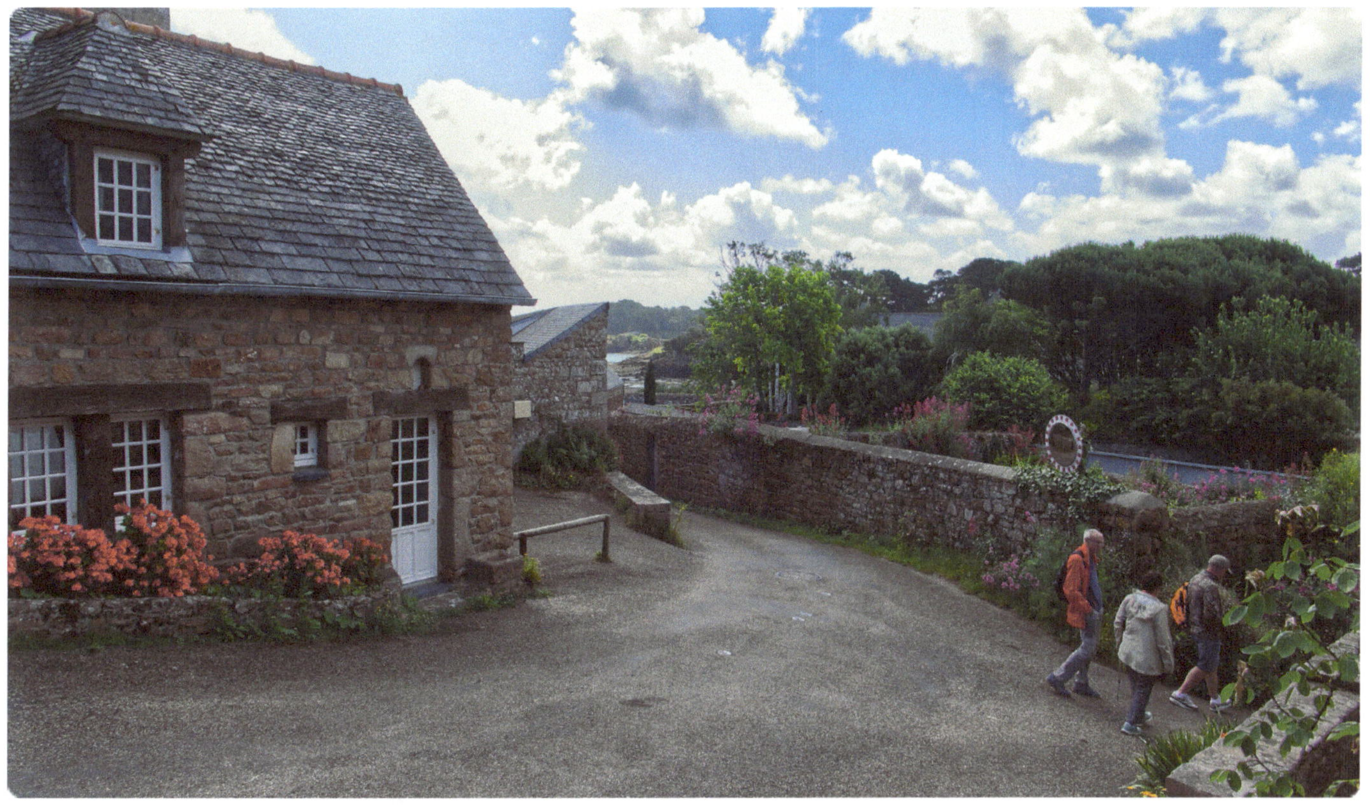

Les ruelles du bourg sont bordées de mur en pierre de granit ou de grès. Ils protègent du vent et des embruns les jardins et les potagers de chacune des belles demeures en pierre traditionnelles.

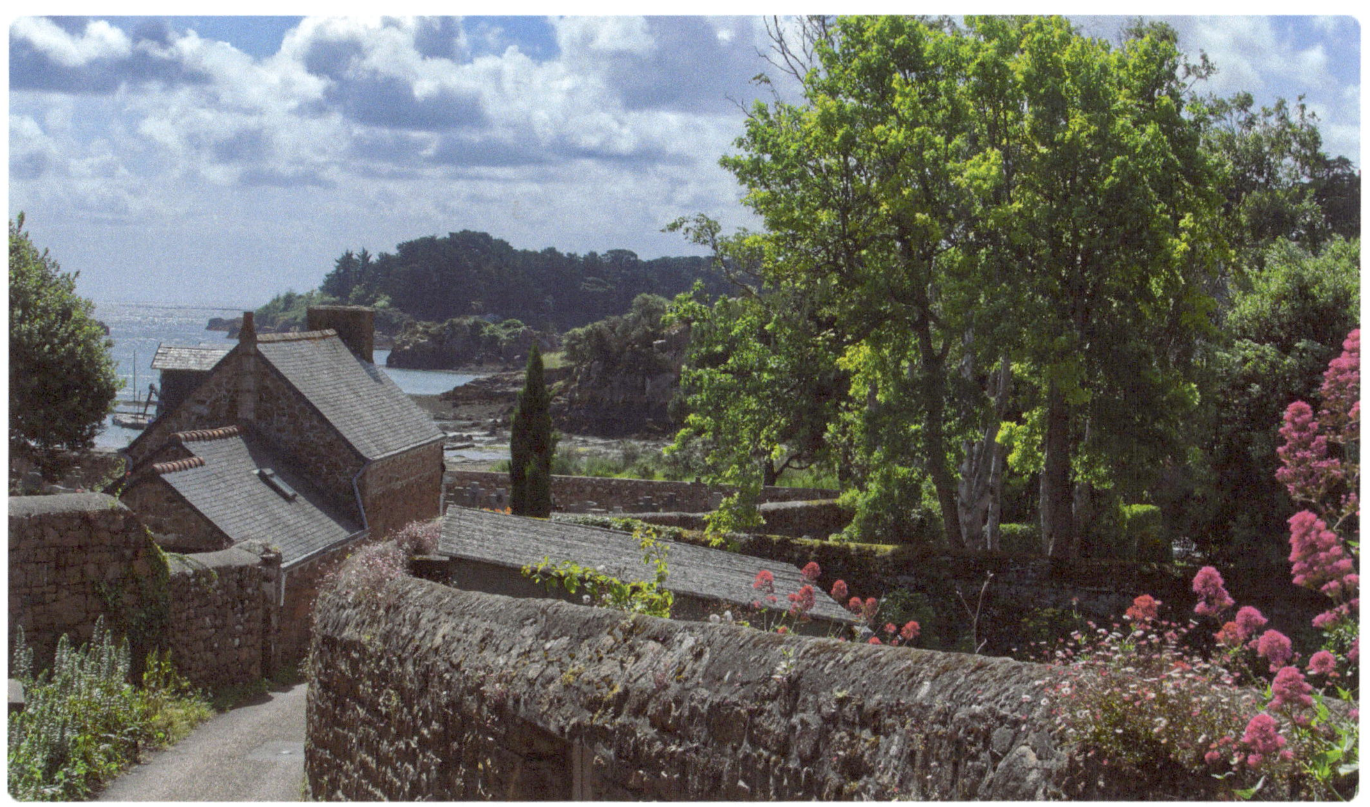

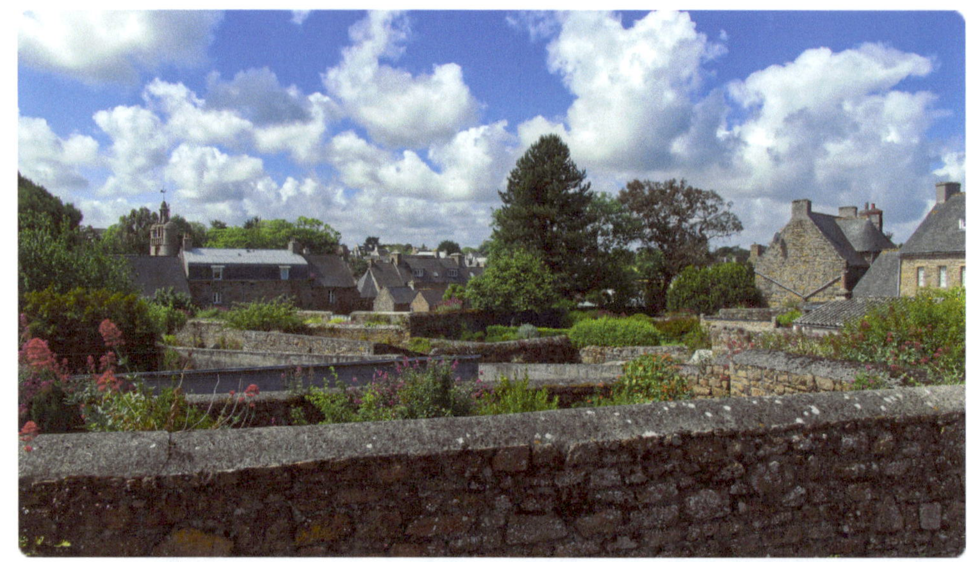

Nous déambulons entre les jardins et nous apercevons le clocher l'église Notre-Dame de Bonne Nouvelle.

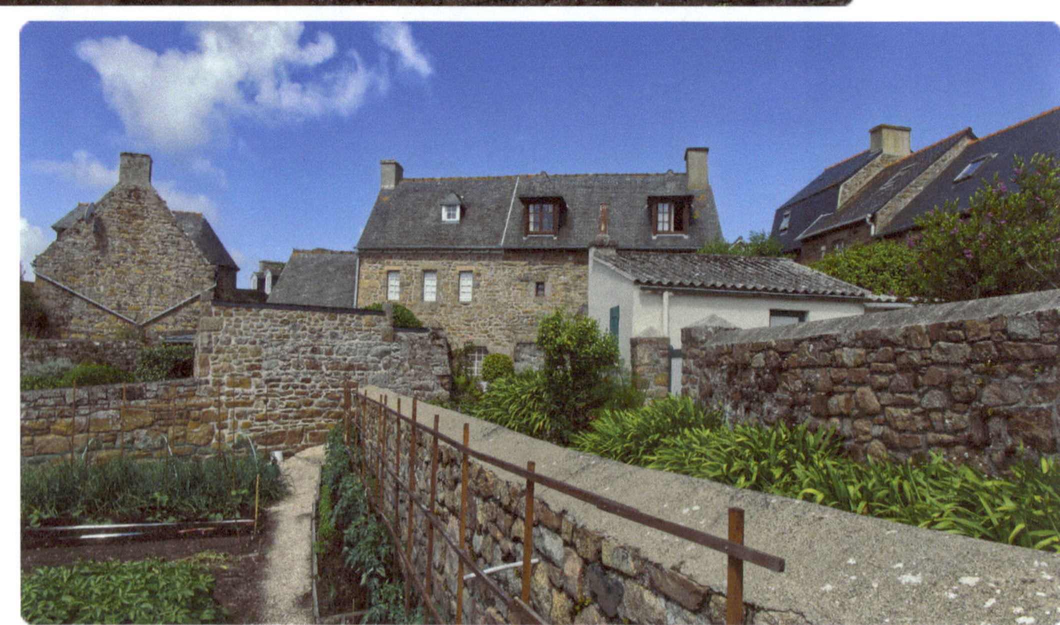

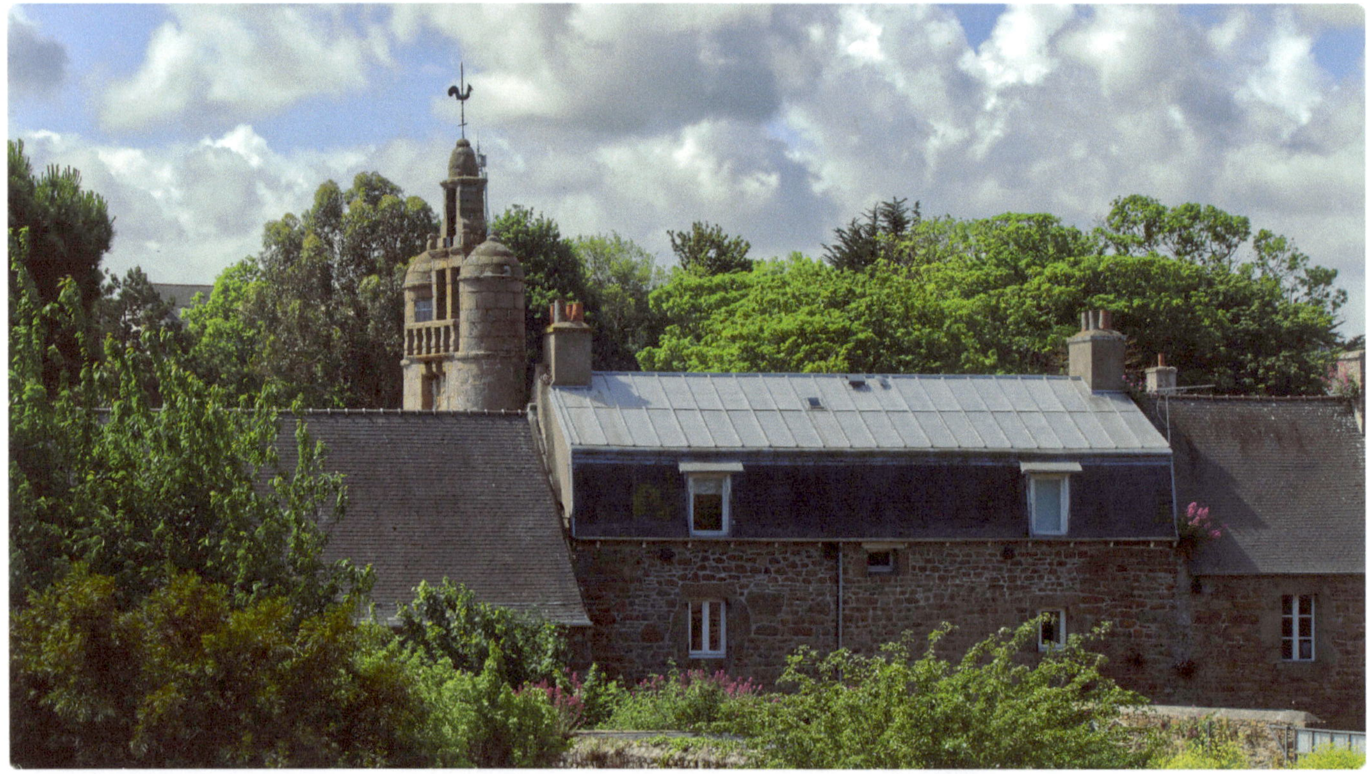

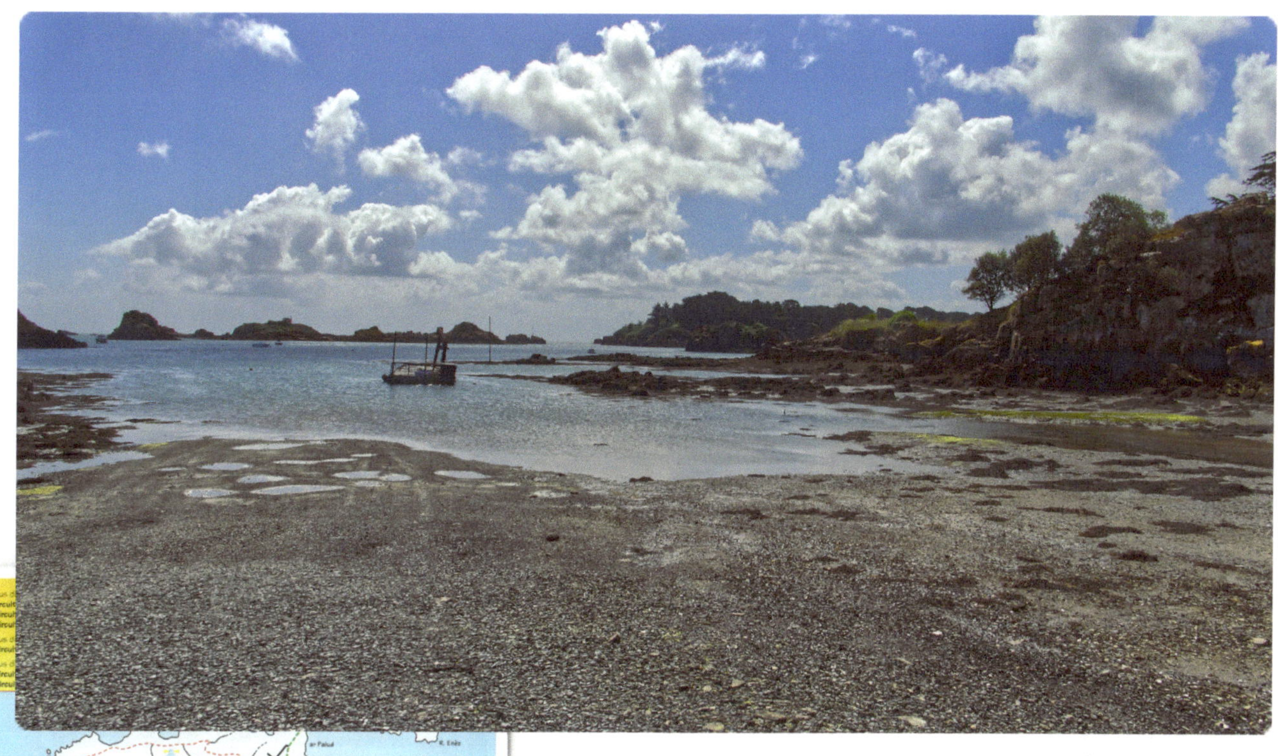

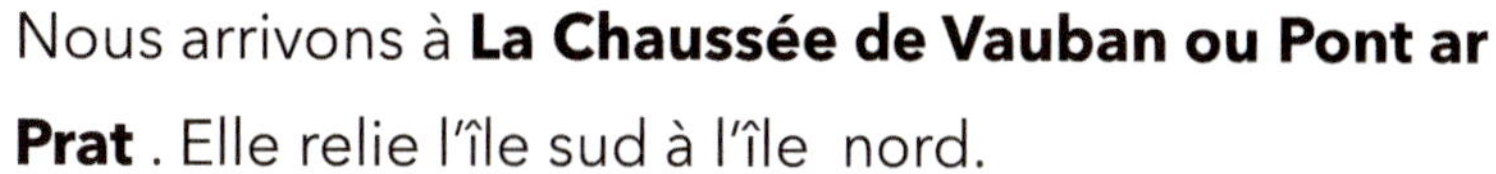

Nous arrivons à **La Chaussée de Vauban ou Pont ar Prat** . Elle relie l'île sud à l'île nord.

Il fut édifié par Vauban pour des raisons de sécurités militaires. Les photos représentent la vue de chaque côté du pont.

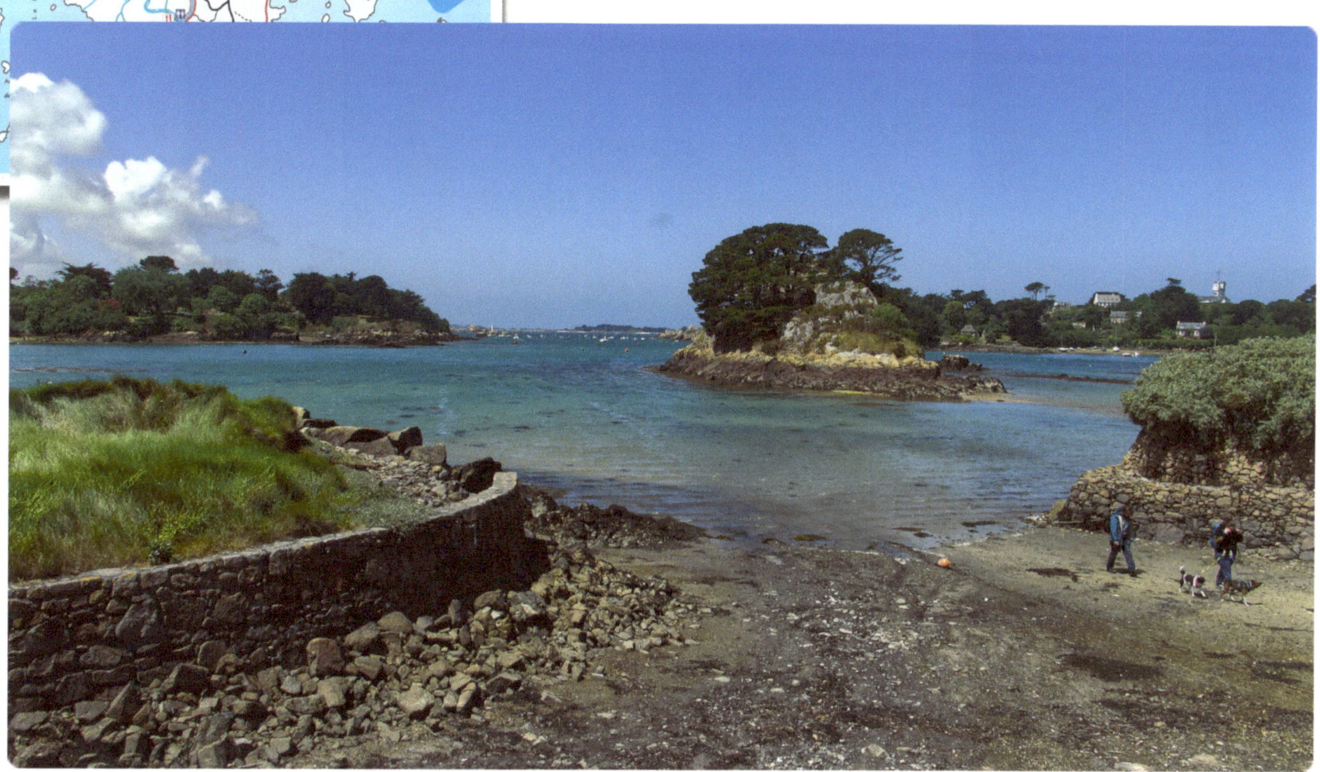

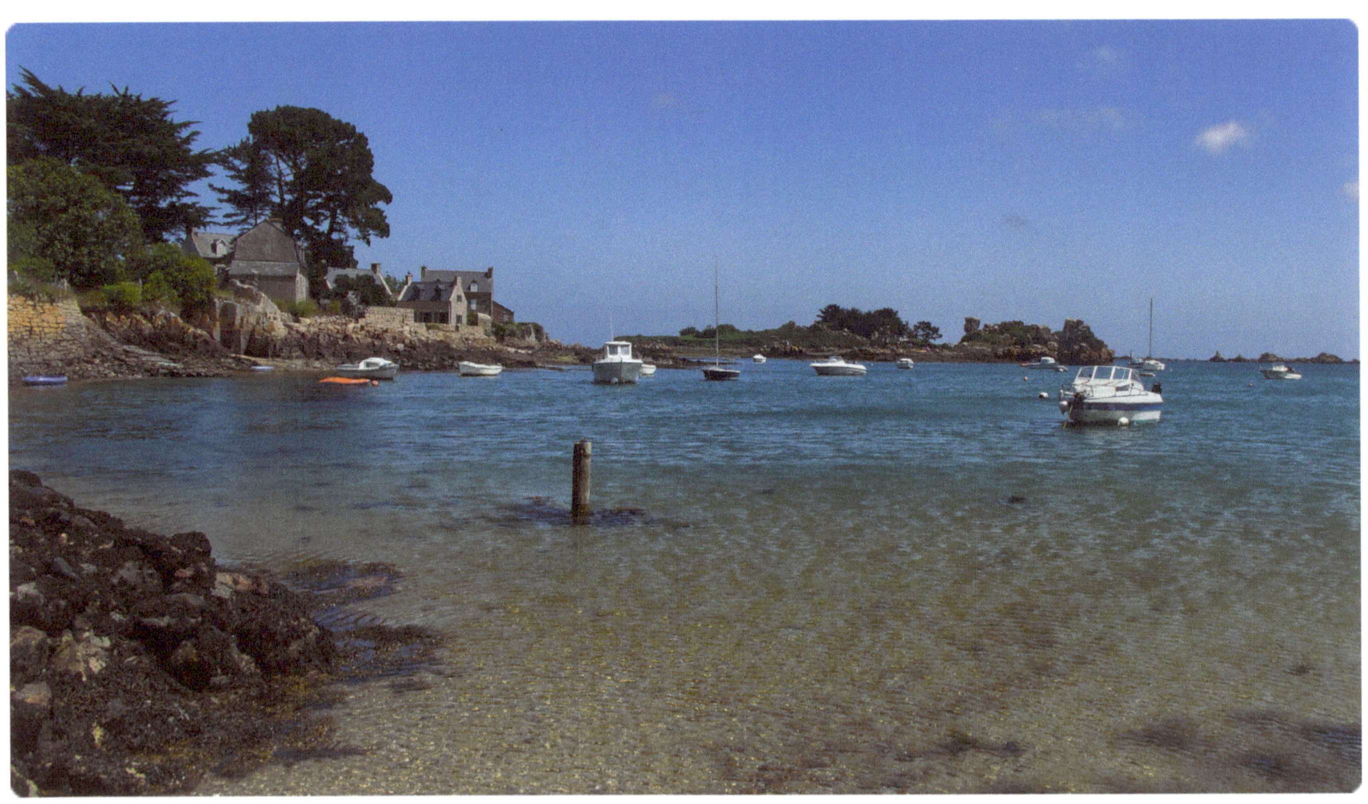

Le long de notre randonnée, de magnifiques petites criques abritent les bateaux des assauts de la mer. Le chemin qui mène au phare serpente au milieu des champs où paissent des vaches.

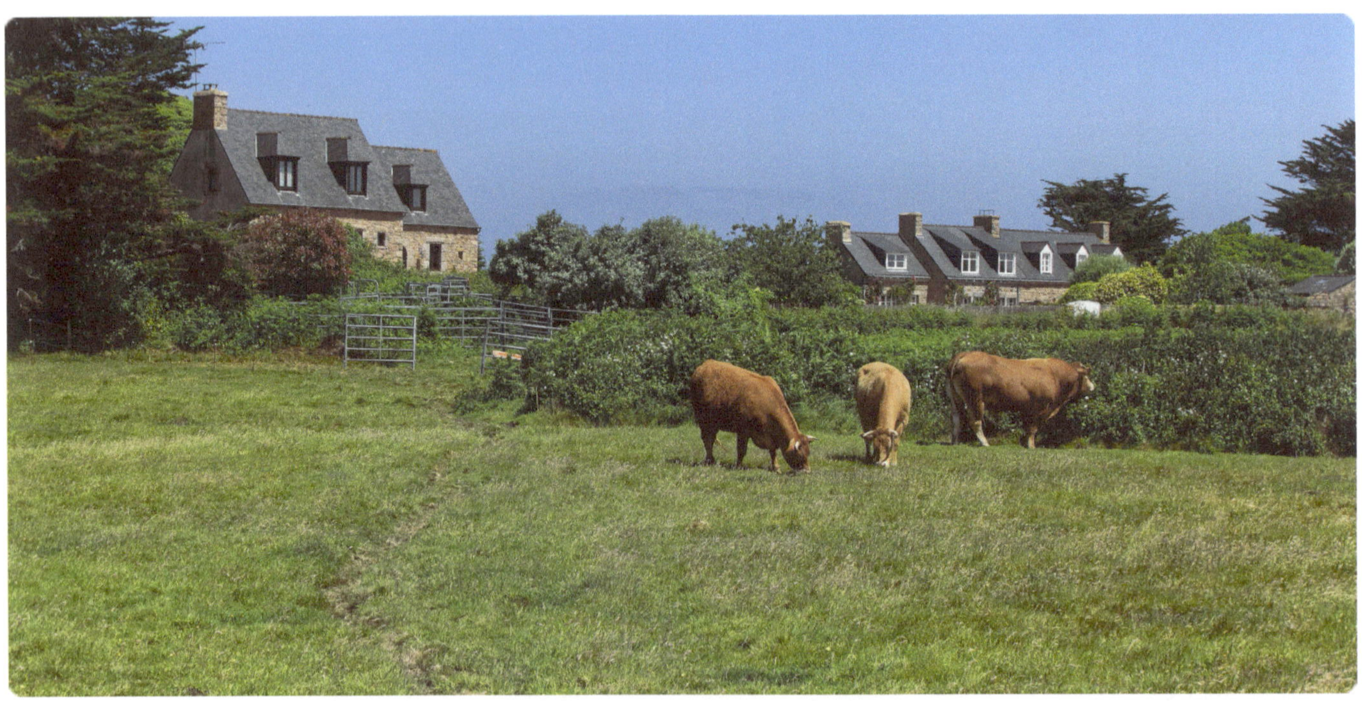

Nous sommes émerveillés par la découverte de nouvelles belles demeures.

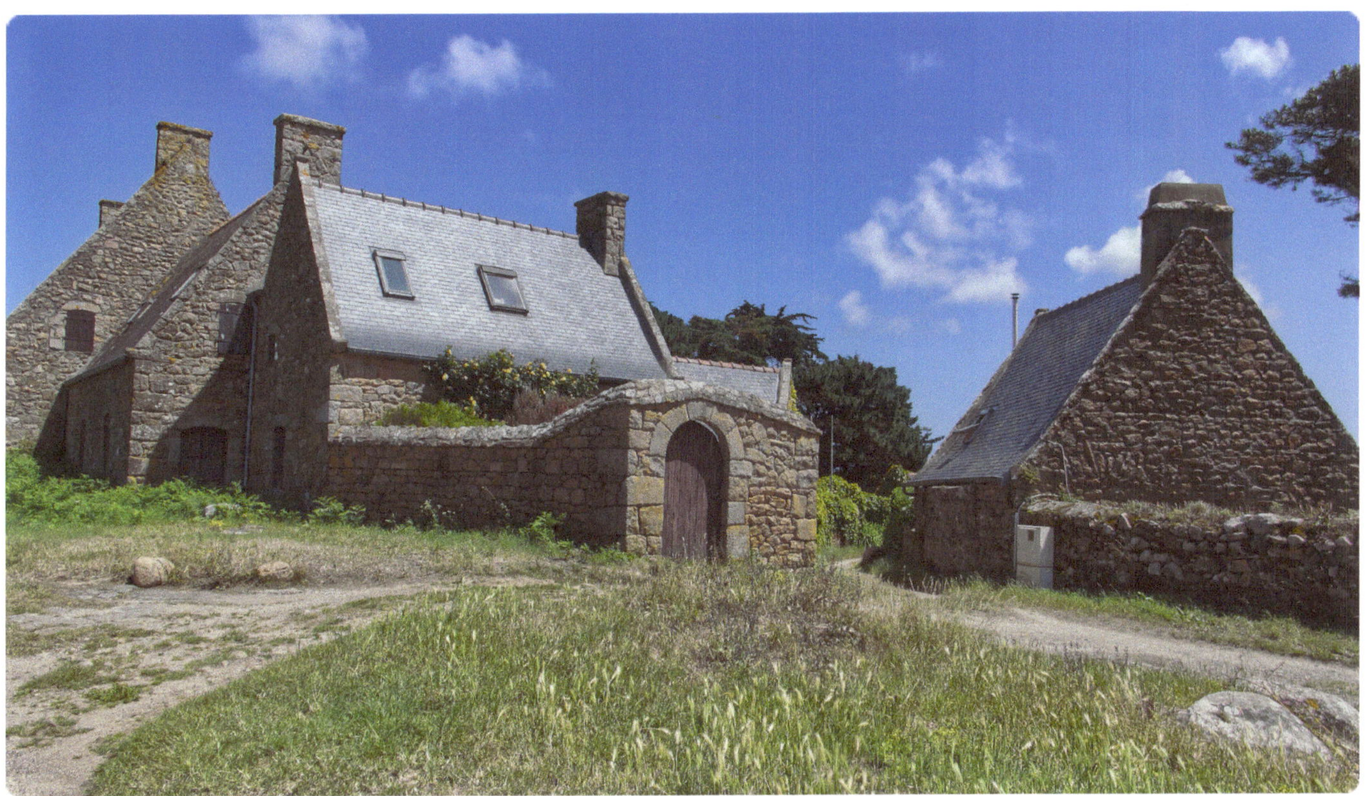

Nous tombons également sur les ruines de la Chapelle Saint-Riom. Entre les XIIe et XIVe siècles, quand la peste sévit sur Bréhat et les îlots environnants, cet endroit devint le quartier des lépreux. La chapelle servit de lieu de culte pour les malades isolés dans une maladrerie dont il ne reste aucuns vestiges.

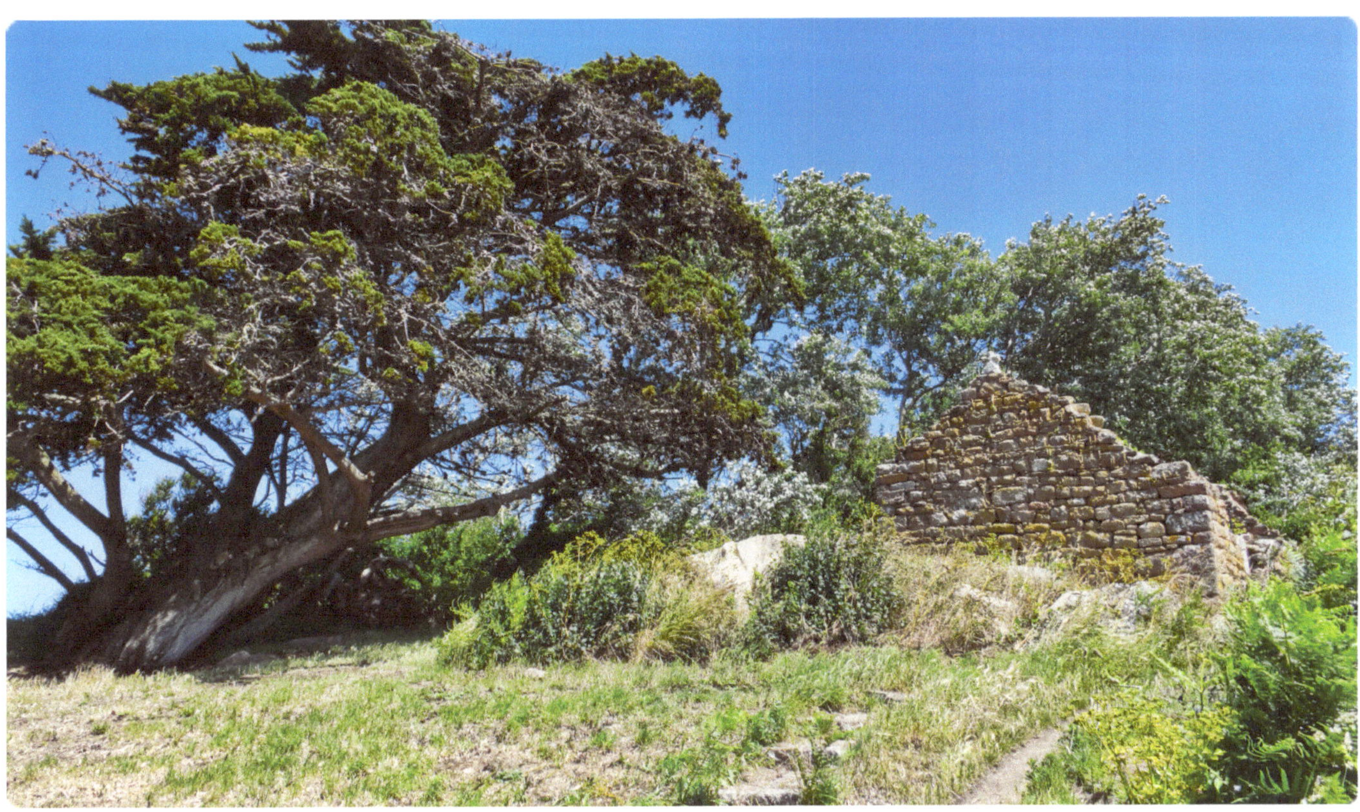

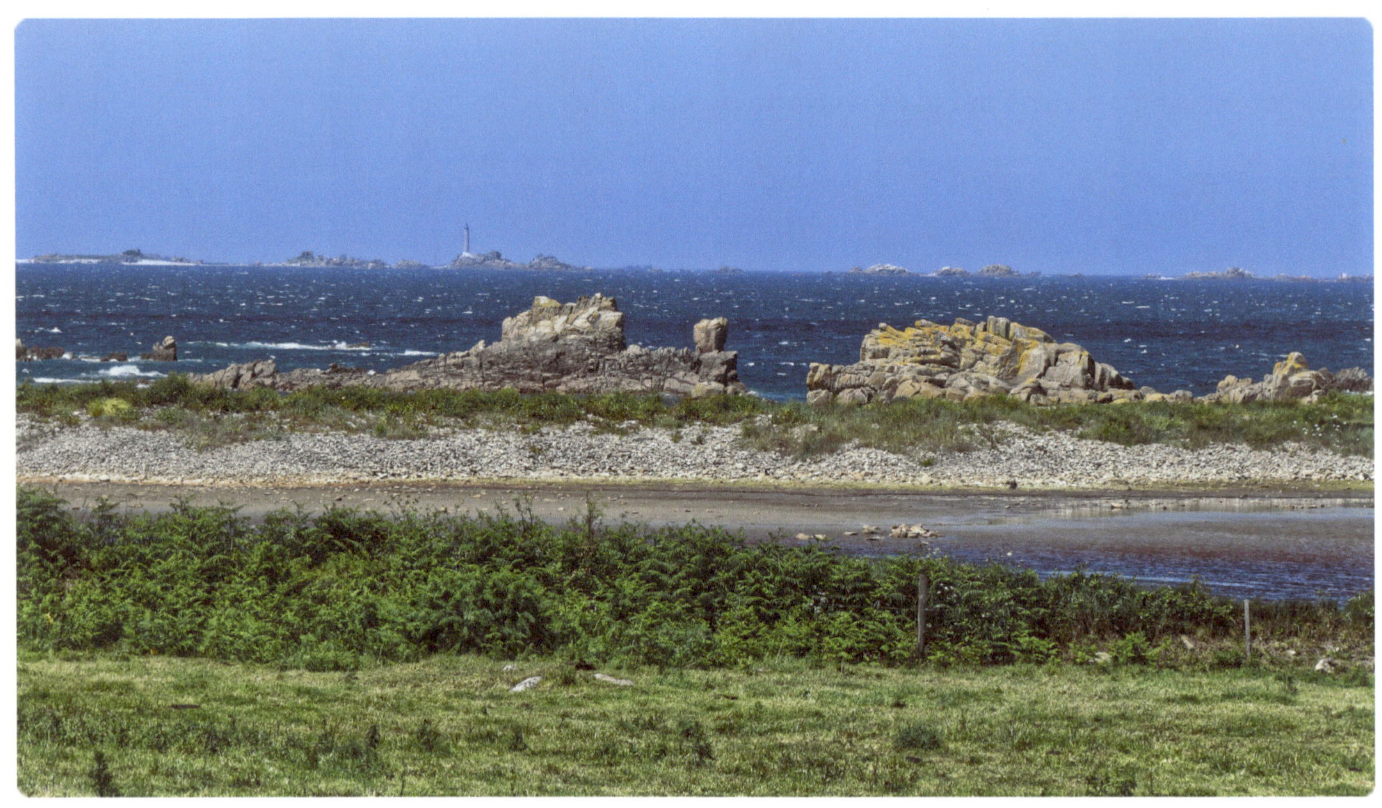

Sur la partie ouest de l'île, nous longeons la côte avec une vue imprenable sur le phare des Heaux de Bréhat. Construit par l'ingénieur Léonce Reynau en 1840 sur les récifs des Épées de Tréguier, à la pointe du sillon de Talbert, le phare des Héaux de Bréhat signale l'extrémité ouest de la baie de Saint-Brieuc et balise l'entrée du chenal du Trieux vers l'île de Bréhat..

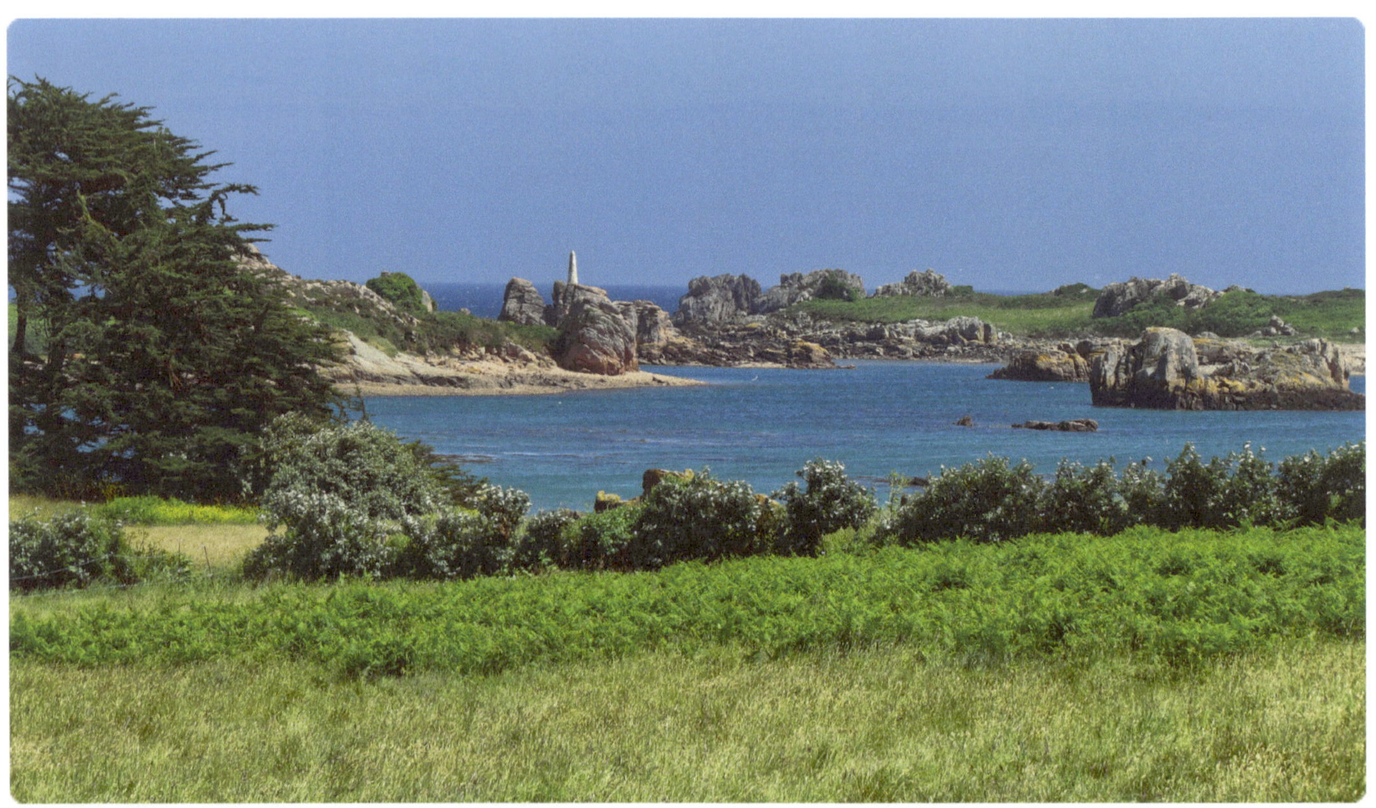

Dans le prolongement, nous apercevons un amer proche du phare du Paon.

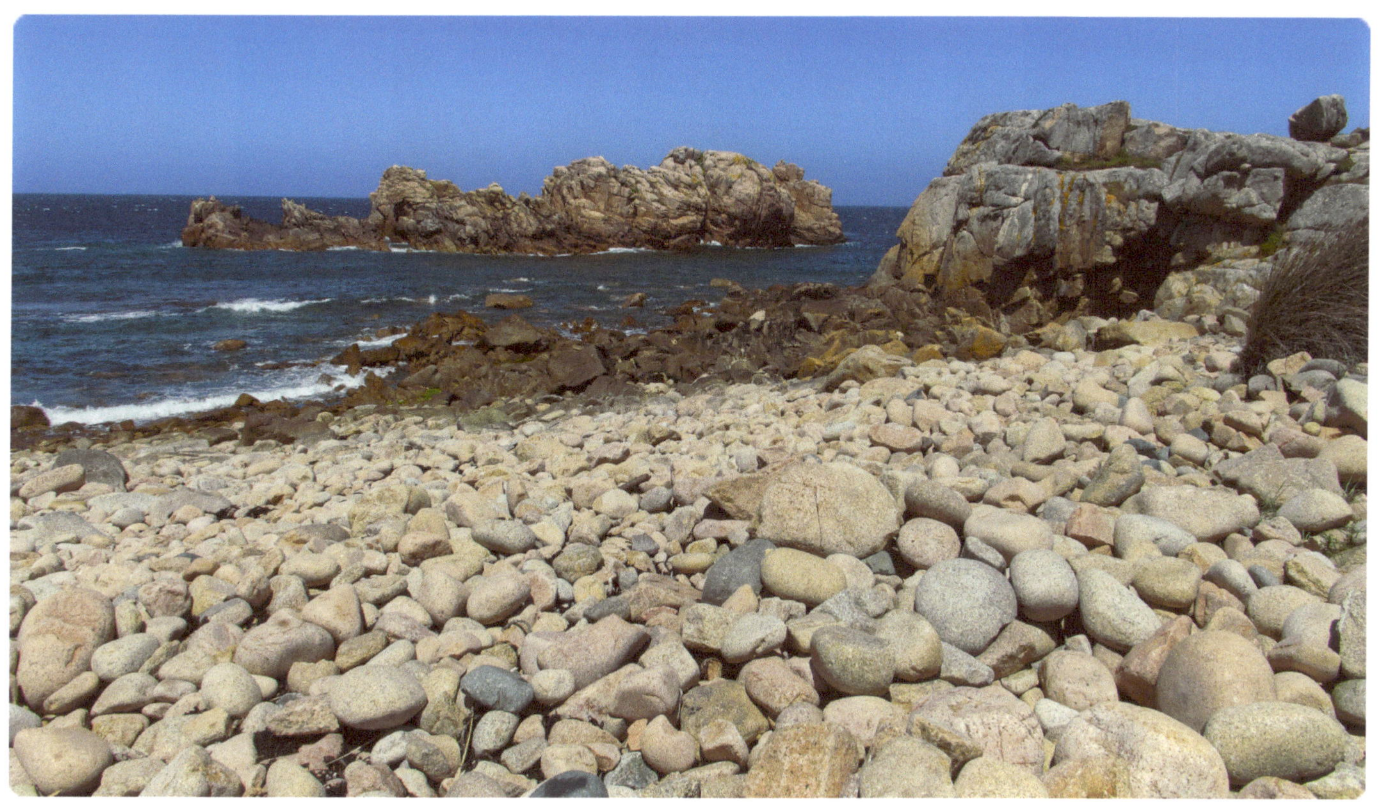

Nous arrivons à l'extrémité nord de l'île, au phare du Paon. Avec le phare du Rosédo, il donne la direction du passage par l'écueil de la Horaine. Un premier projet de construction de phare est autorisé dès 1855. La construction finale est terminée en 1860.

Le phare est constitué d'une tourelle carrée avec un corps de logis. Le premier feu est un feu fixe rouge. Il est ensuite remplacé dès 1880 par un appareil catadioptrique avec un feu fixe à secteurs rouges et blancs, puis, en 1895, par un feu fixe à secteurs blancs, rouges et verts.

Marie-Perrine Durand, la première femme gardienne de phare en France y est affectée durant 39 ans, jusqu'à sa mort en 1933.

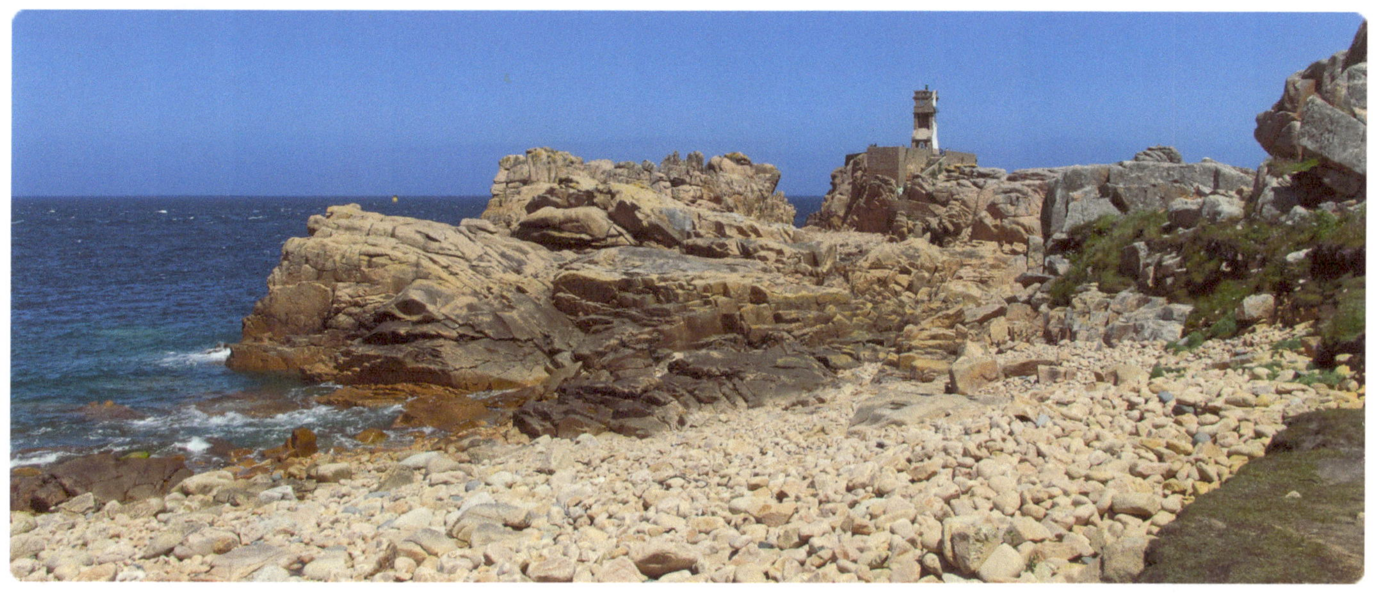

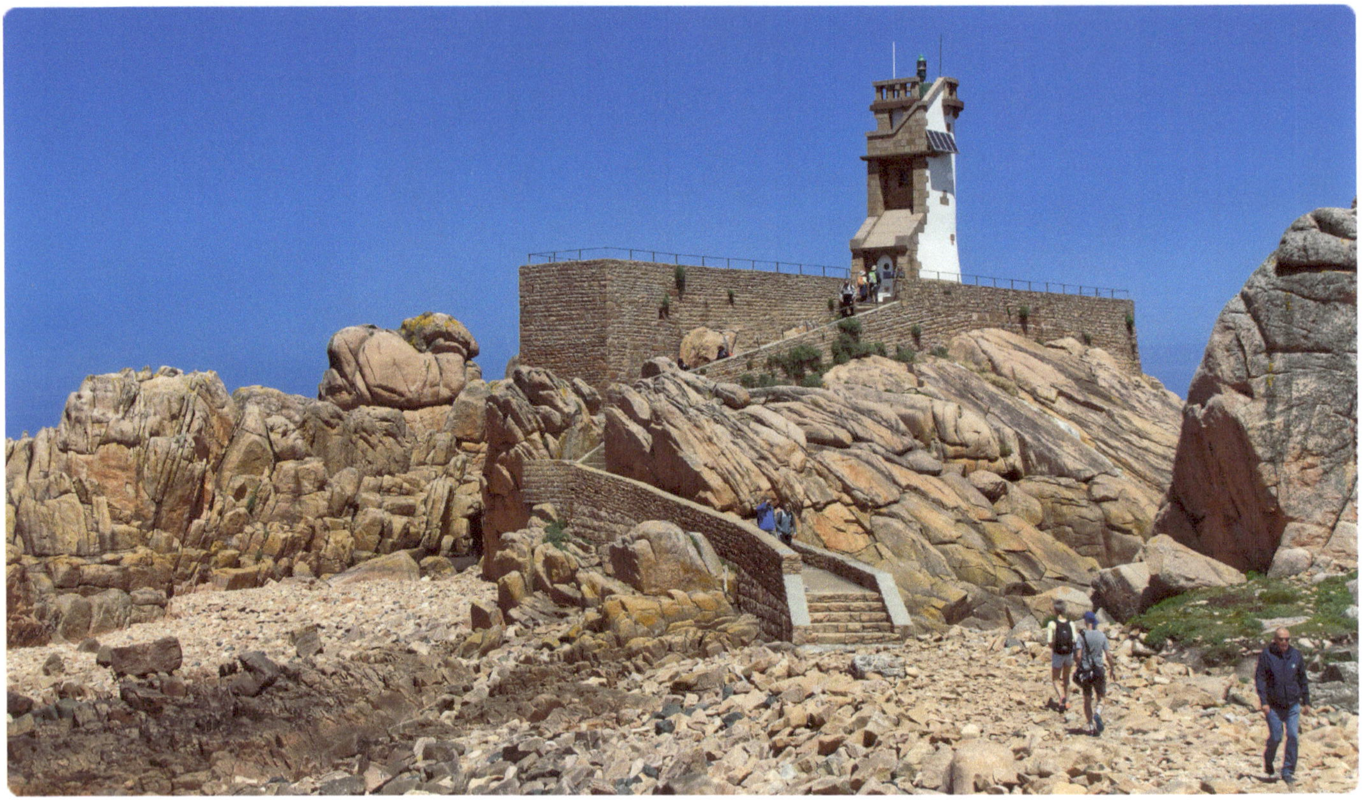

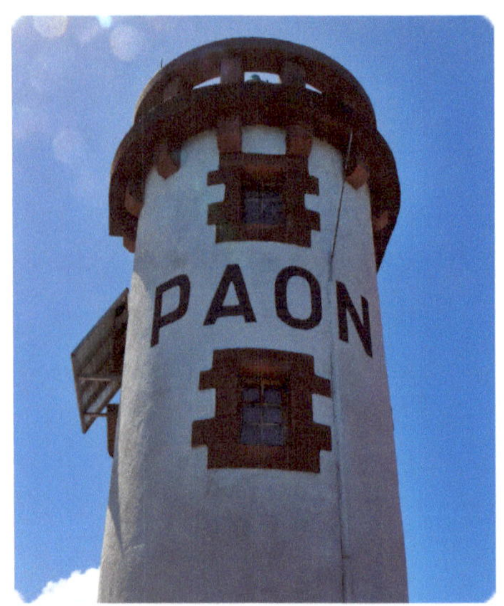
PAON

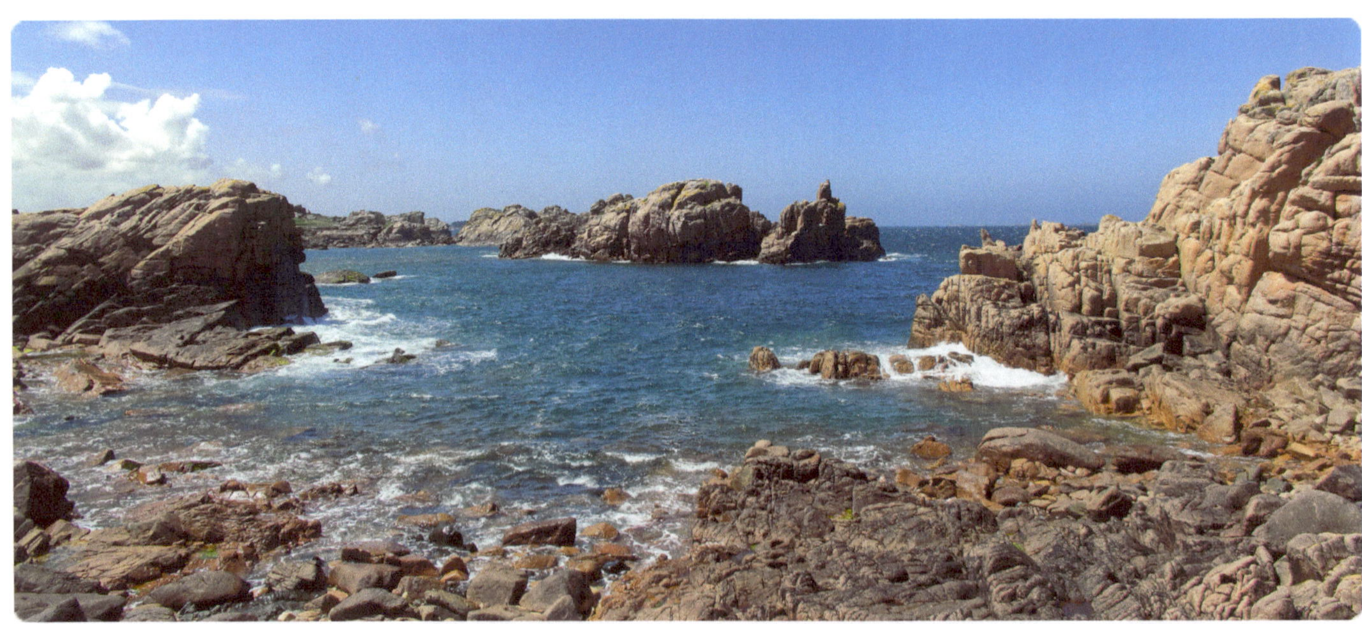

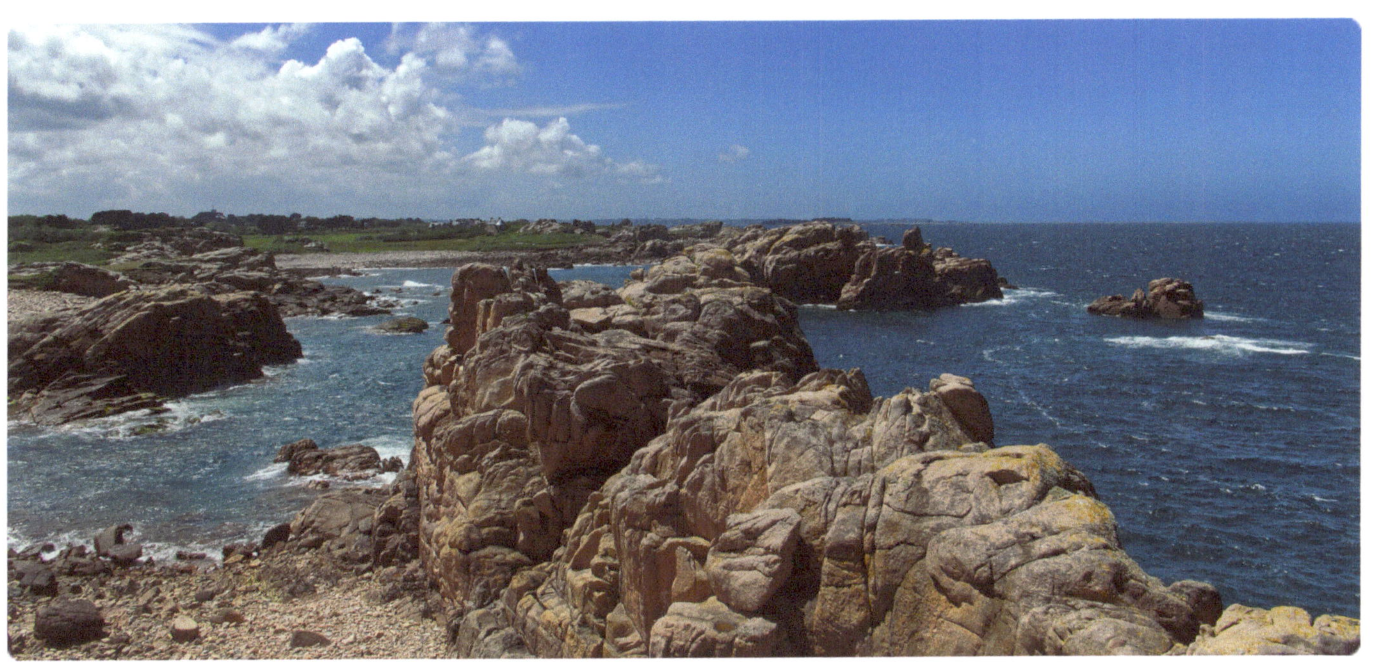

Le tour du phare offre des points de vue magnifiques !

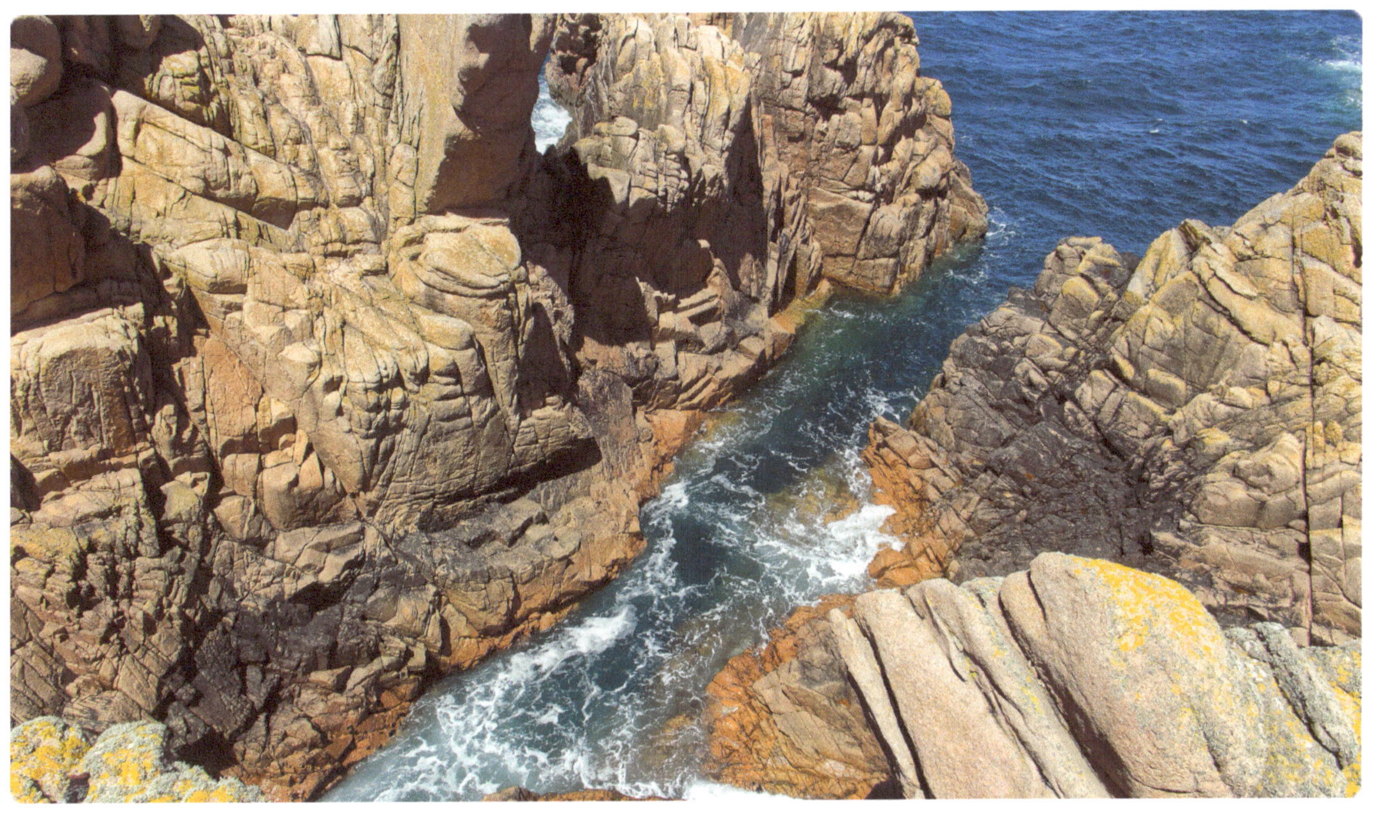

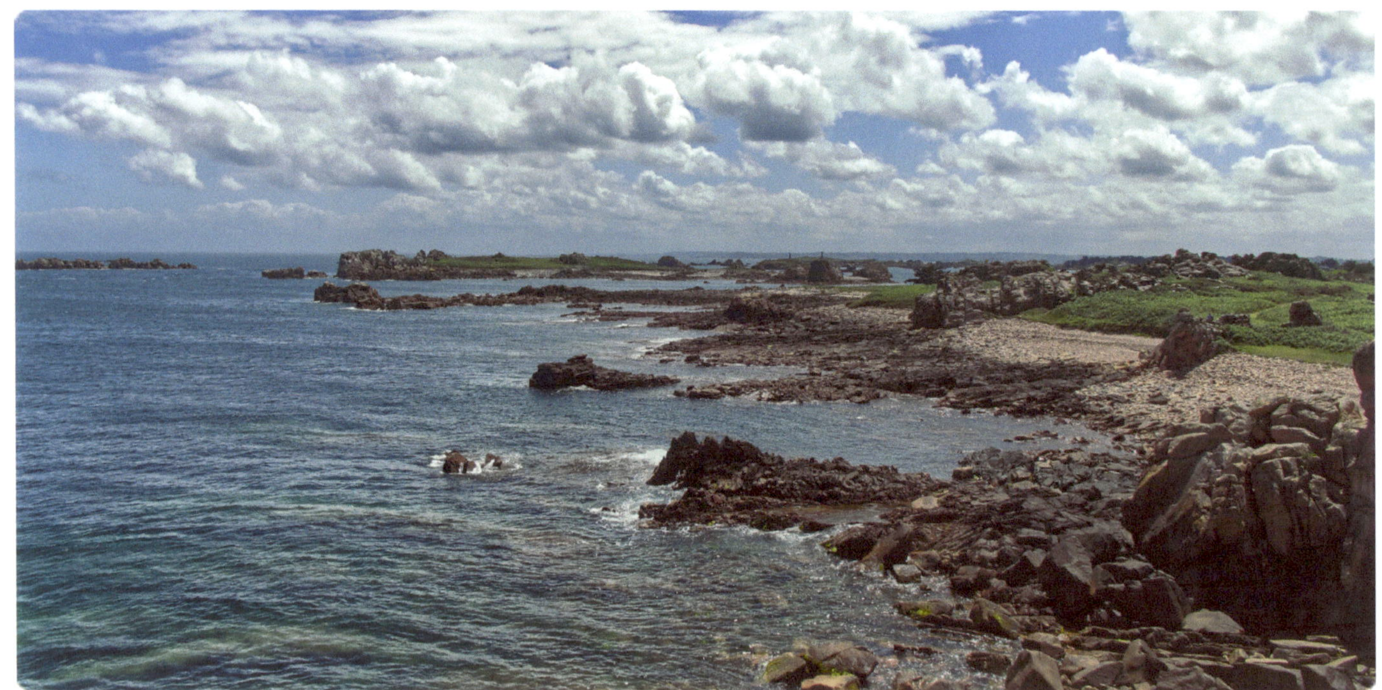

Il est temps de retourner vers le sud de l'île.

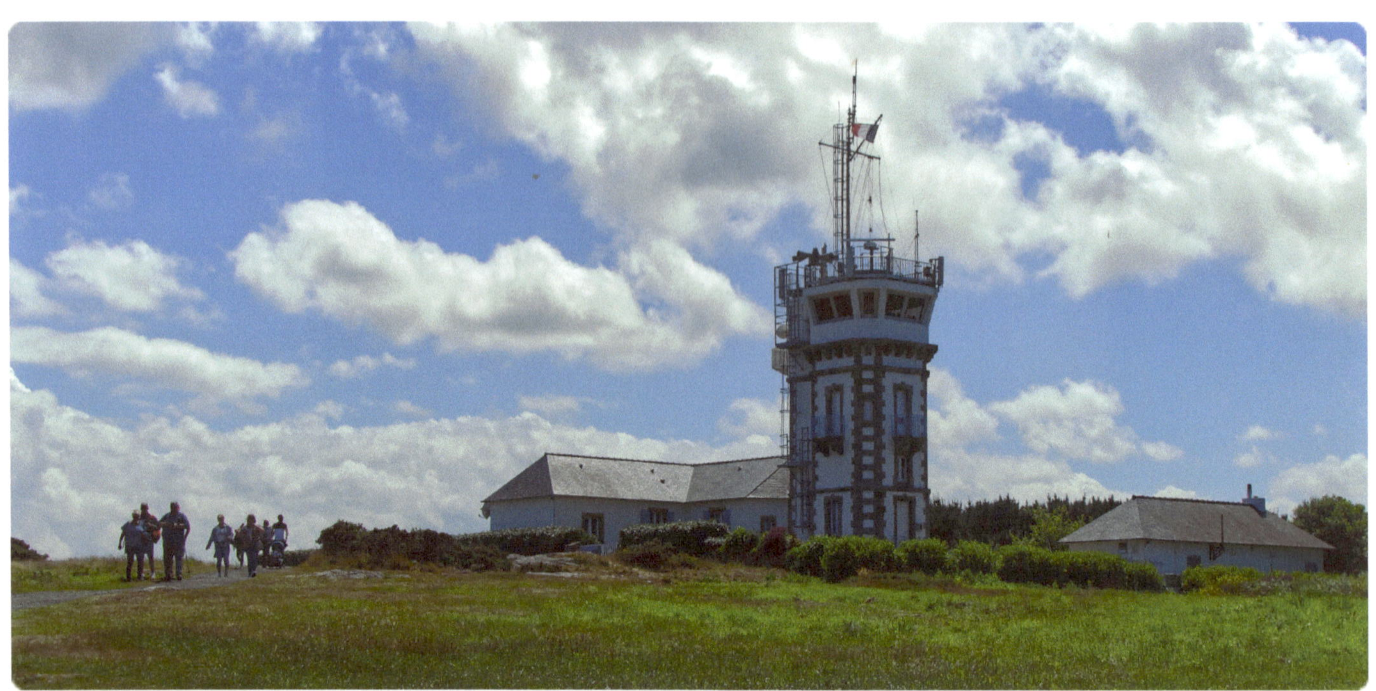

Sur le chemin du retour nous passons devant le sémaphore du Rosédo.

Au point culminant de l'île Nord, le Sémaphore de Bréhat est de garde 24 h/24. Face à la Manche, où transitent 40 % des valeurs transportées par mer. Ce dernier est aussi en charge d'une surveillance locale. Bientôt, comme sur les bateaux, un drone permettra d'améliorer encore l'observation.

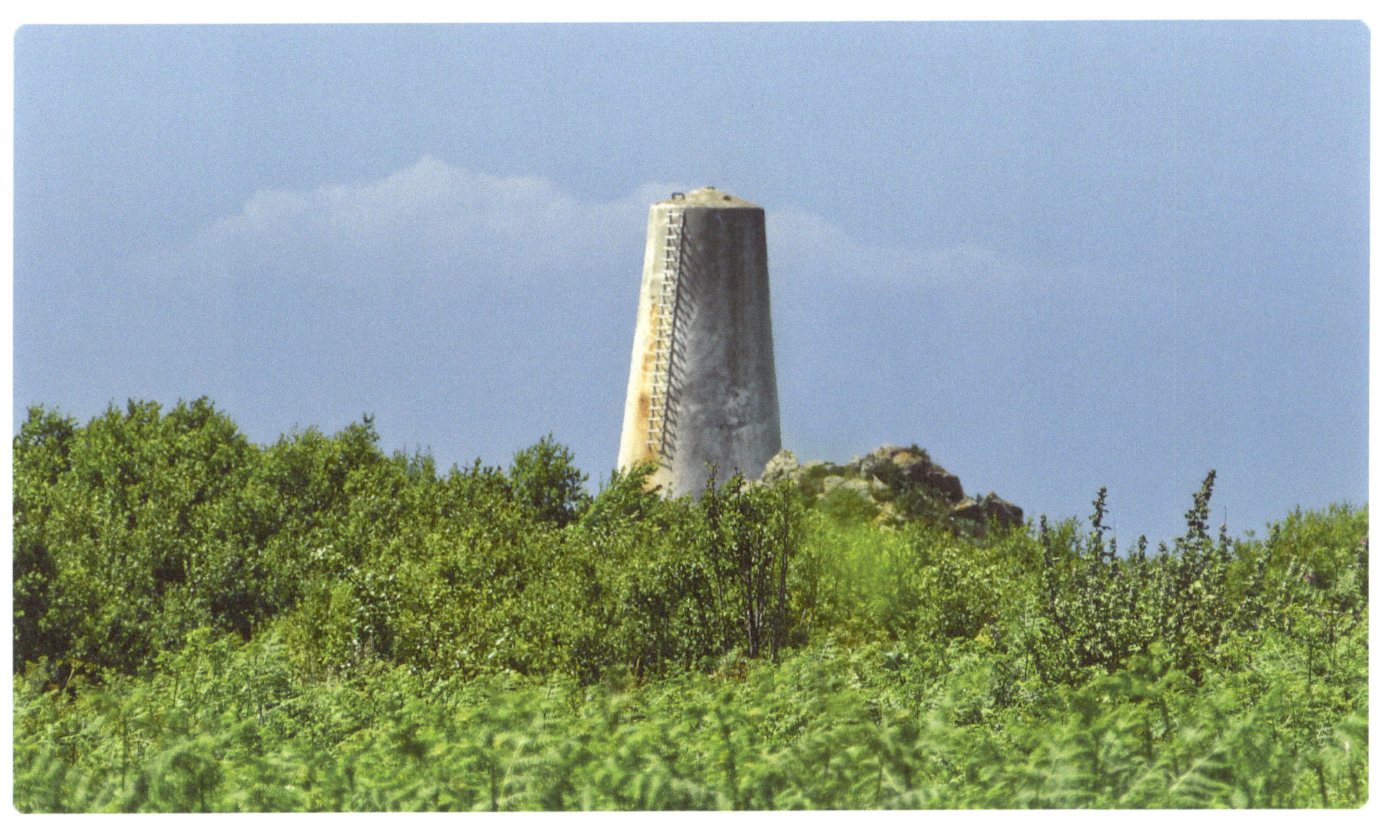

Au droit du sémaphore , nous apercevons l'amer du Rosédo II donne, avec le clocher de la Chapelle Saint-Michel de l'Île de Bréhat, l'alignement du chenal de la Moisie, permettant d'accéder au chenal du Trieux par le Nord-Ouest.

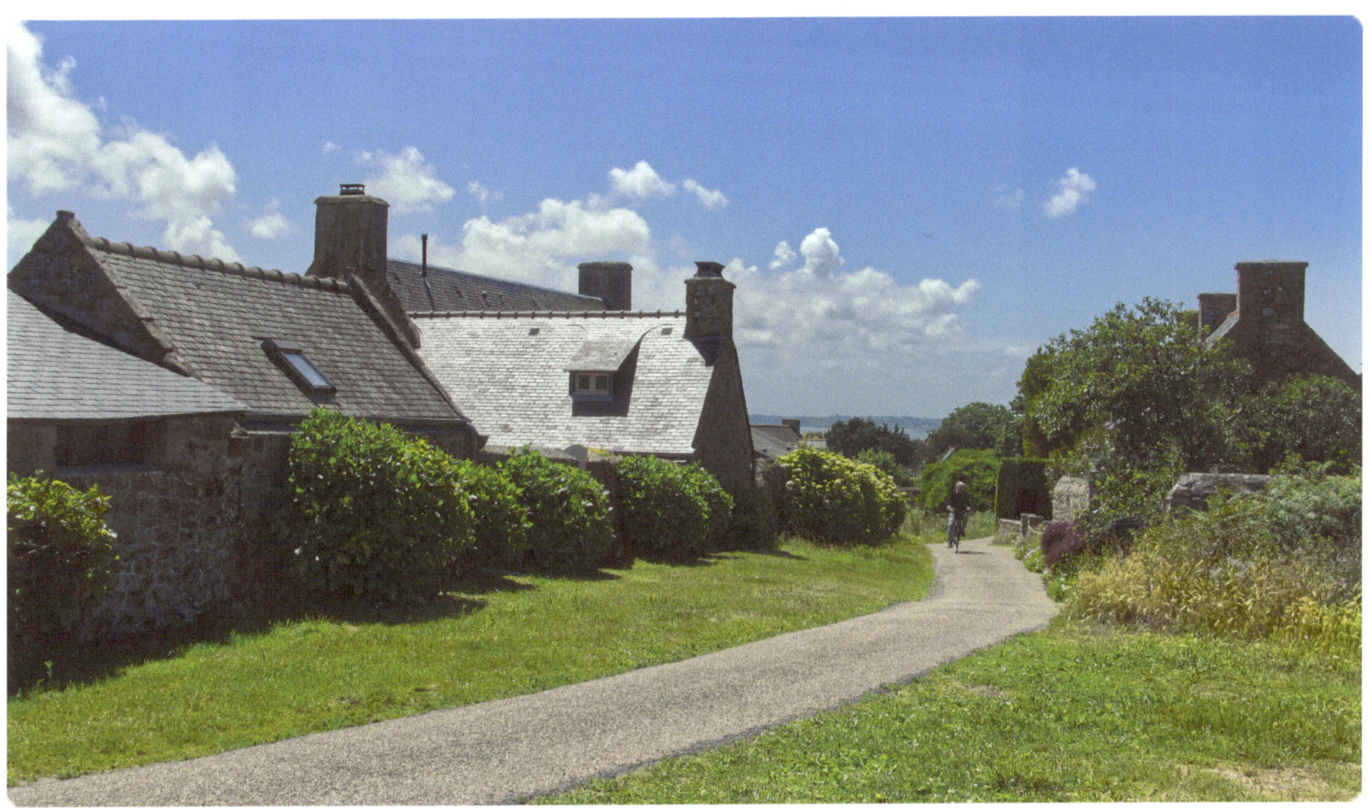

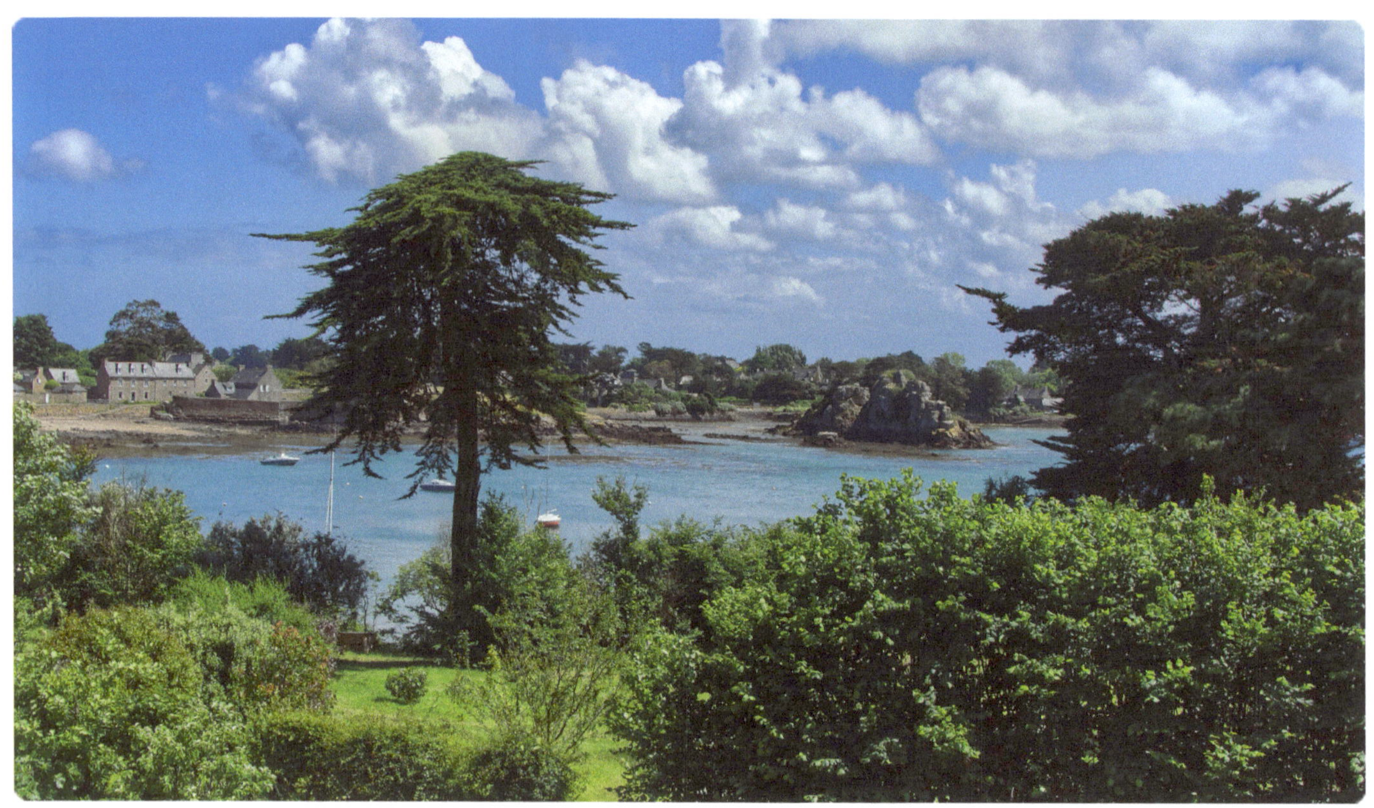

Le chemin côtier nous amène à « La Corderie ». Cette anse paradisiaque était le port principal de l'île du XVIème au XIXème siècle. Les chalutiers de Morlaix pêchant sur les côtes anglaises venaient s'y abriter.

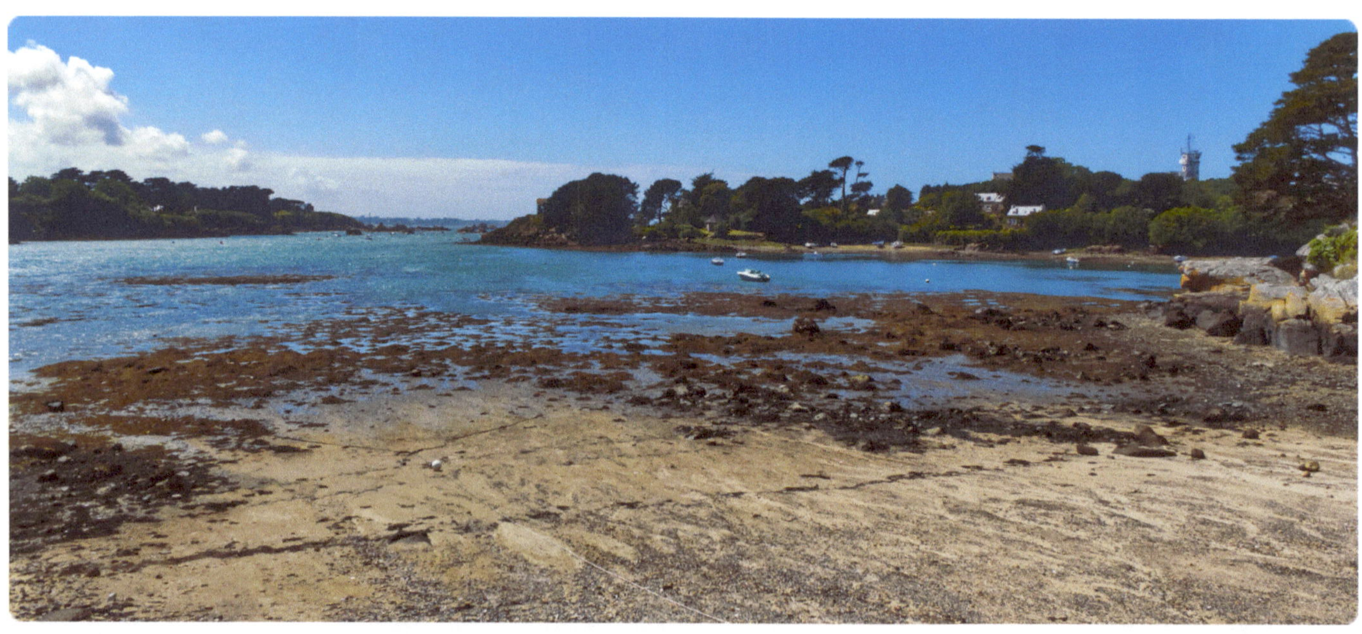

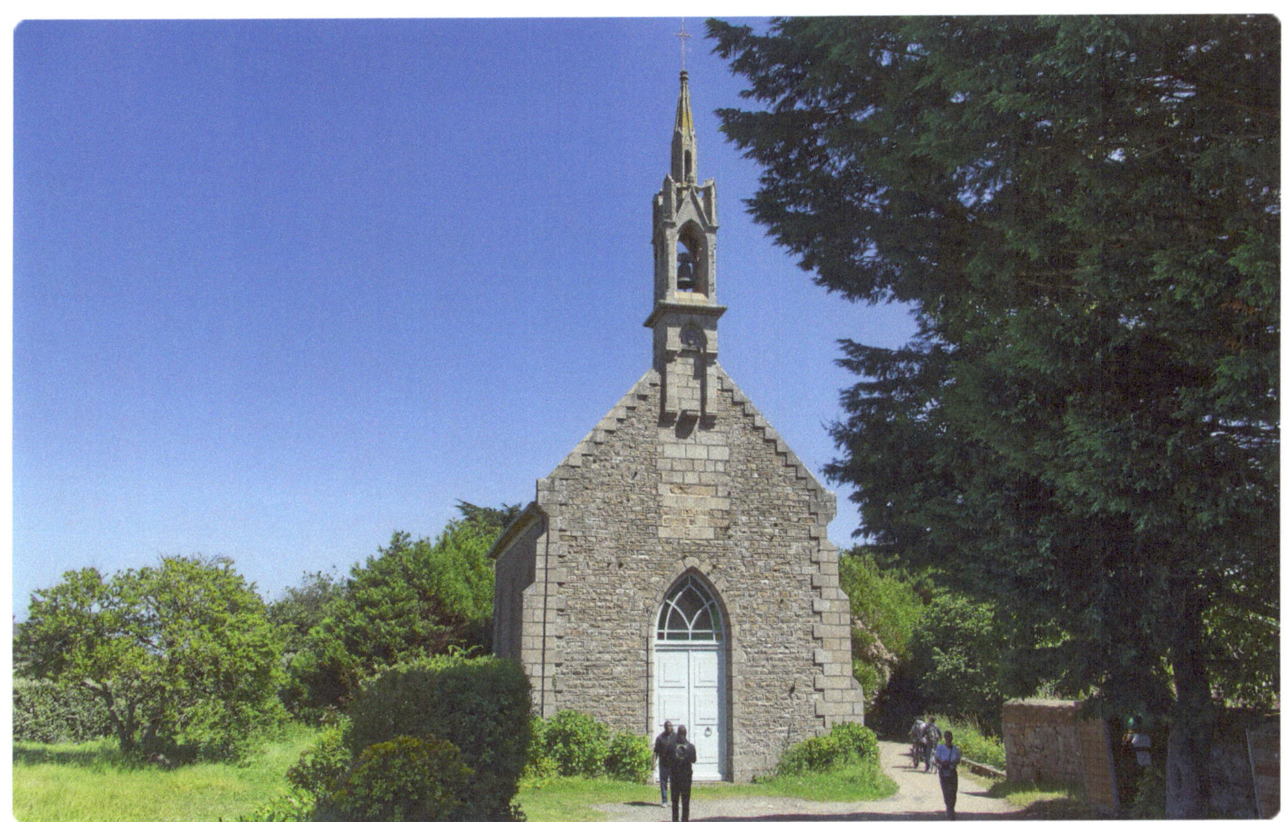

Notre chemin passe devant « La Chapelle Notre-Dame de Kéranroux ».

Encore appelée chapelle de la Corderie ou chapelle des sauveteurs, elle date du XVIIIème siècle, avec une reconstruction en 1860.

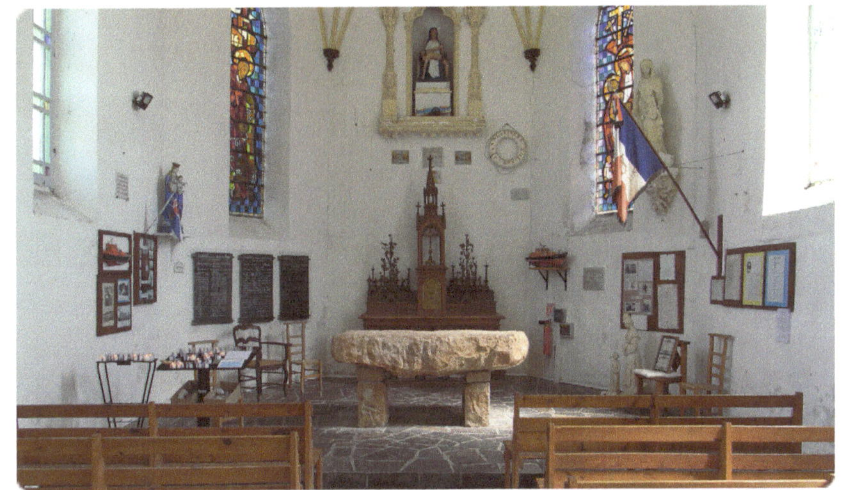

En 1795, elle est vendue comme bien national avant d'être achetée par les iliens.

La chapelle en granit est de style néogothique, rectangulaire avec un chevet à pans coupés. Elle est considérée comme une chapelle des gens de mer, et elle contient de nombreux ex-voto de marins.

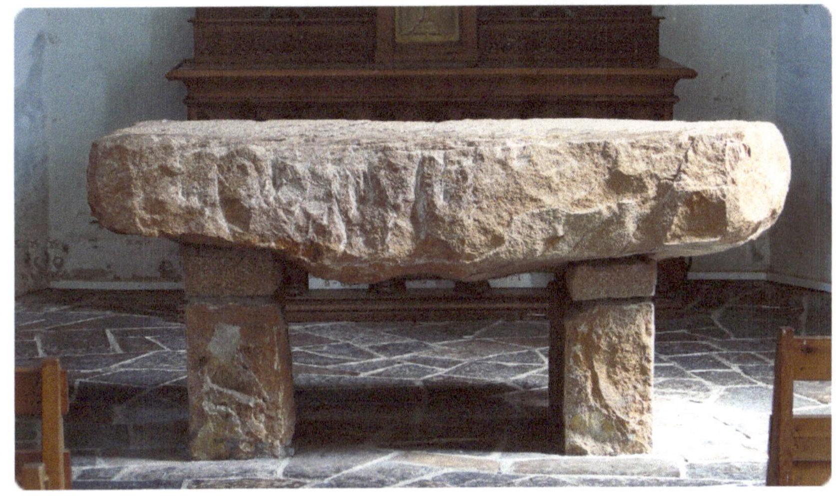

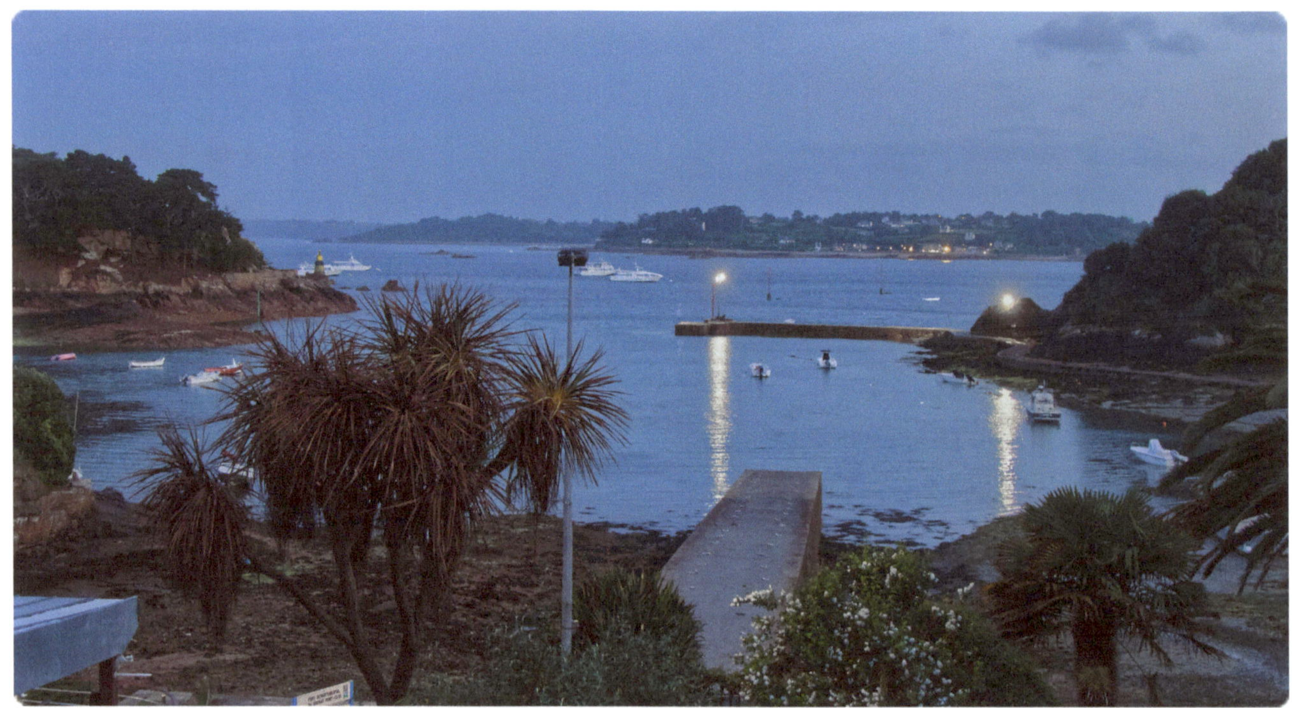

Après une randonnée de 13 kilomètres, nous retournons à notre chambre d'hôtes pour nous reposer et préparer la balade du lendemain. Après une nuit paisible, notre seconde journée débute par un petit-déjeuner copieux sur la terrasse du « Men Joliguet ».

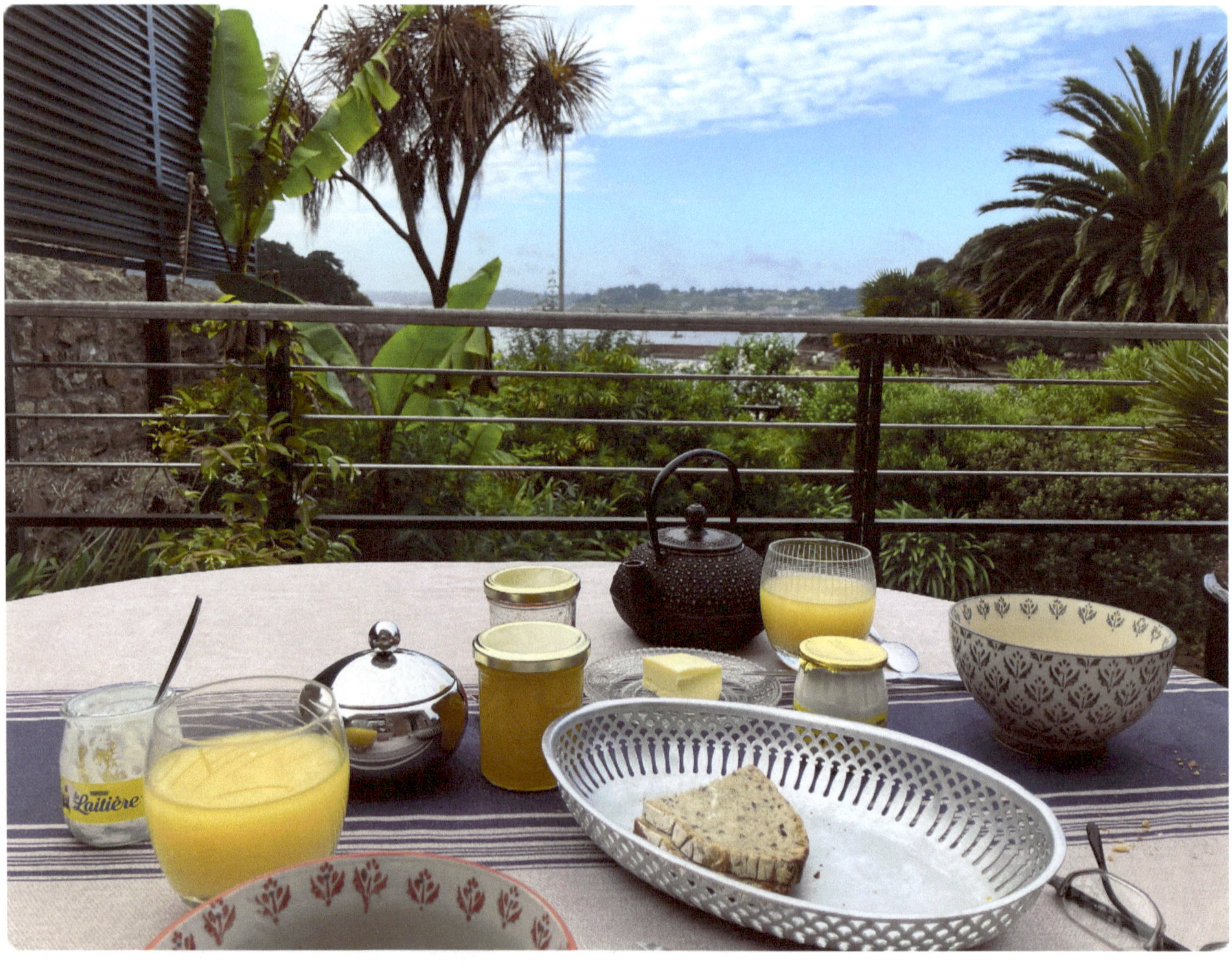

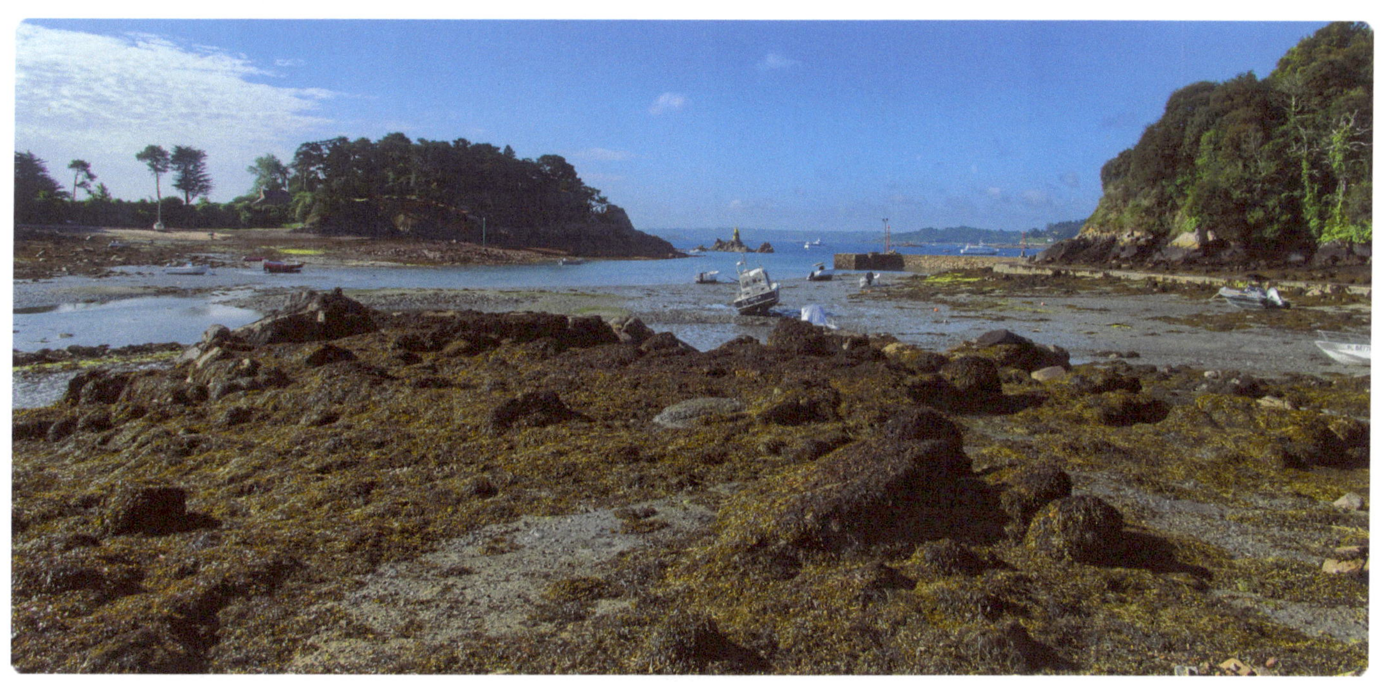

Notre balade du jour débute au Port-Clos, la marée est basse, le temps est magnifique en cette journée de juin. Les premiers touristes, ayant passé la soirée sur l'île, rejoignent la cale pour embarquer sur une des vedettes et retourner sur le continent.

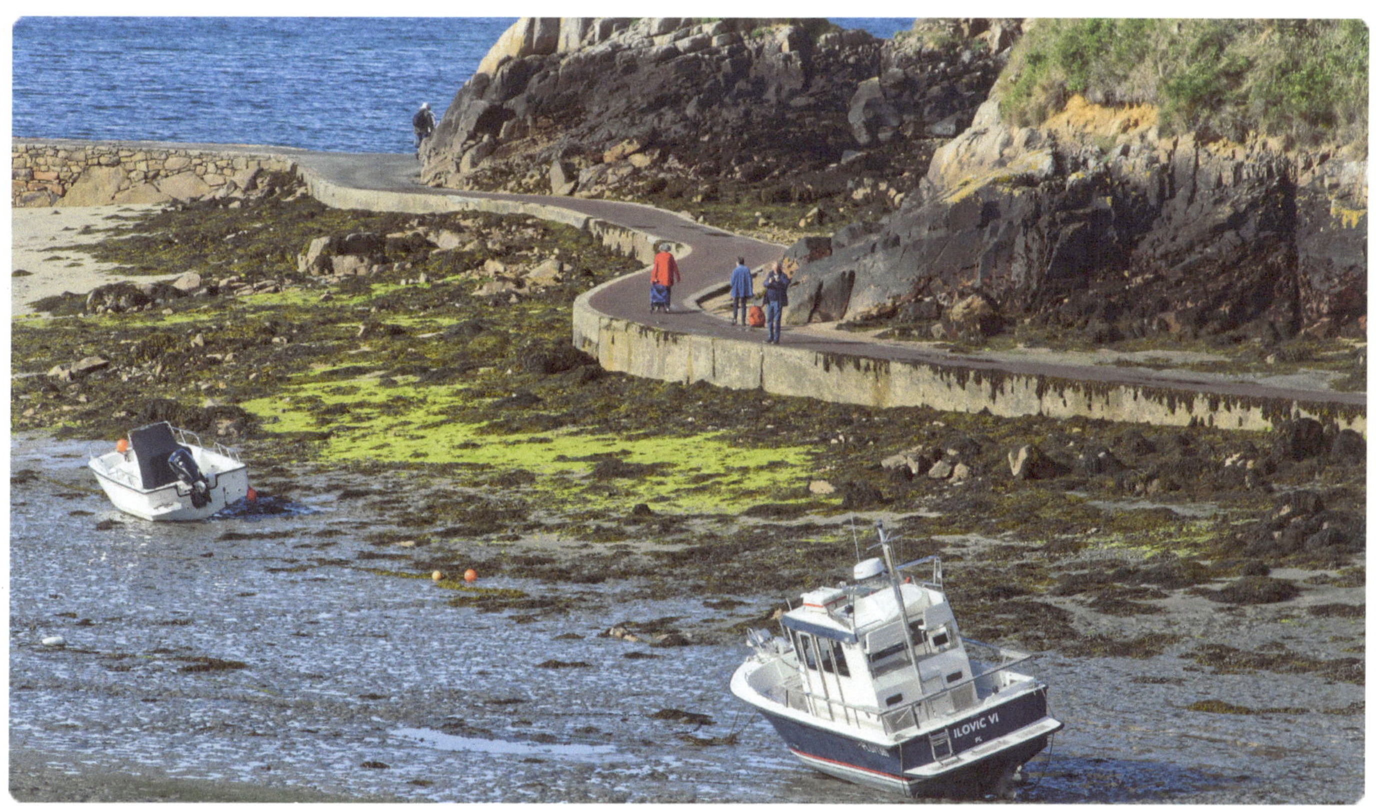

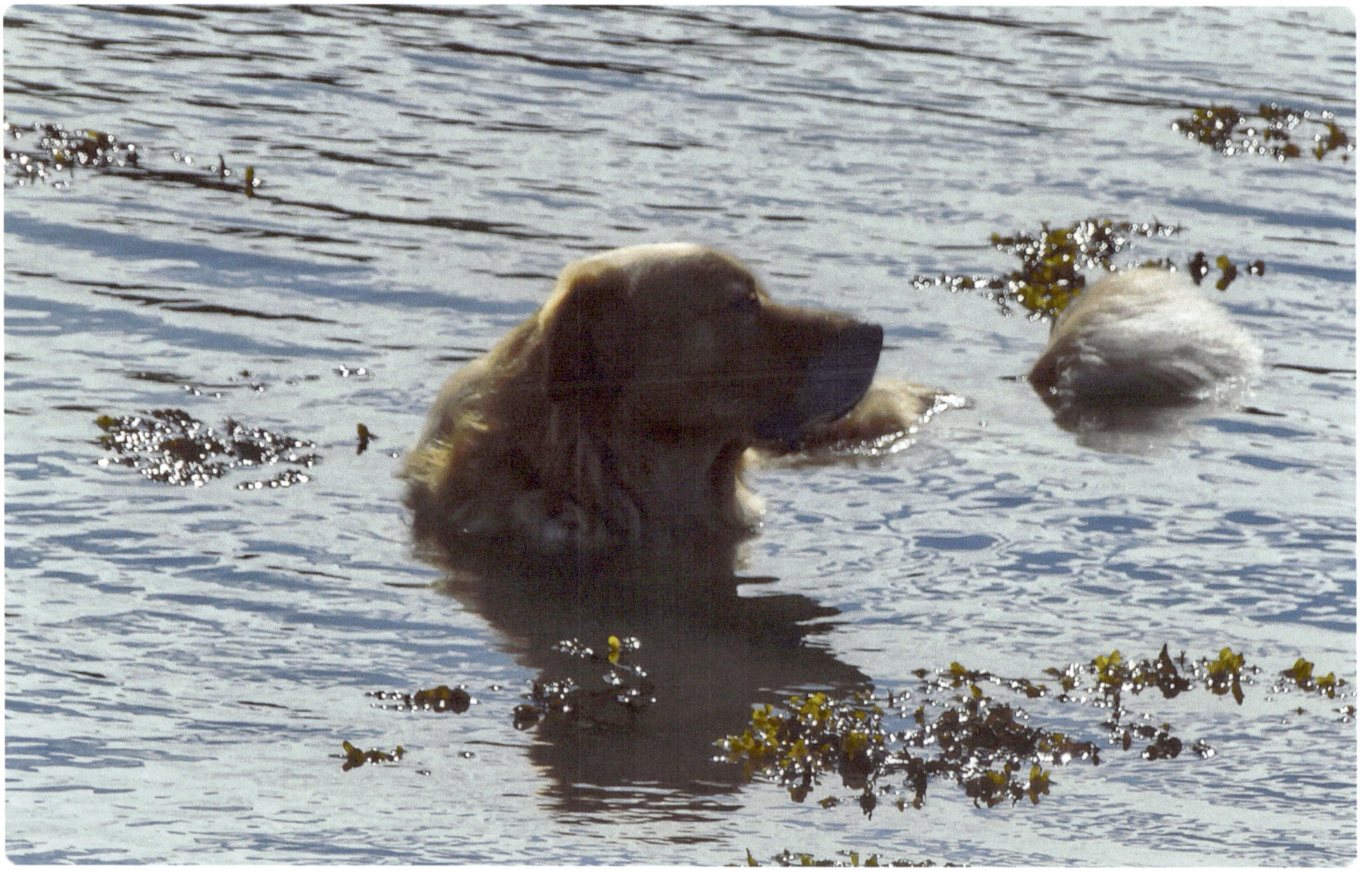

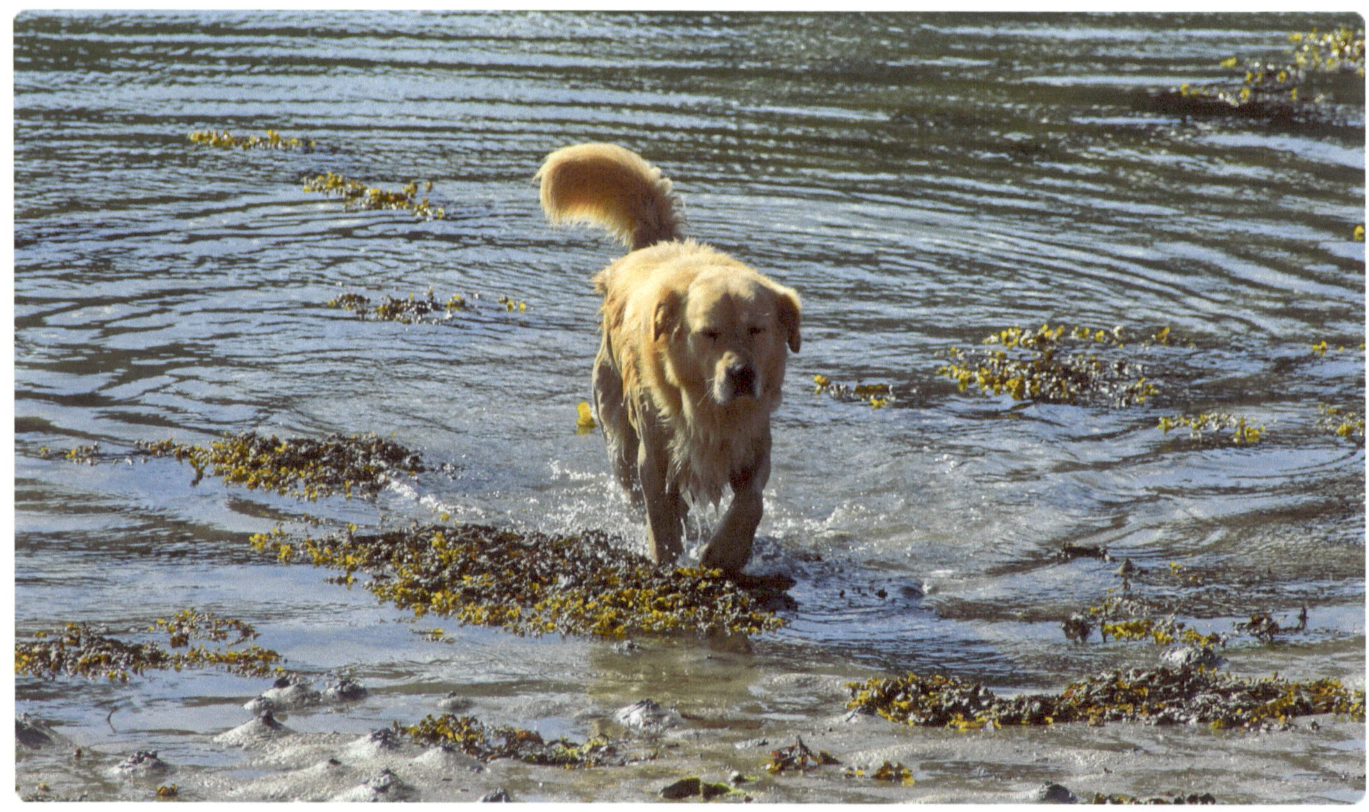

Sur le quai qui mène aux cales de Port-Clos, nous avons l'agréable surprise de rencontrer le chien d'un îlien qui apprécie son bain matinal.

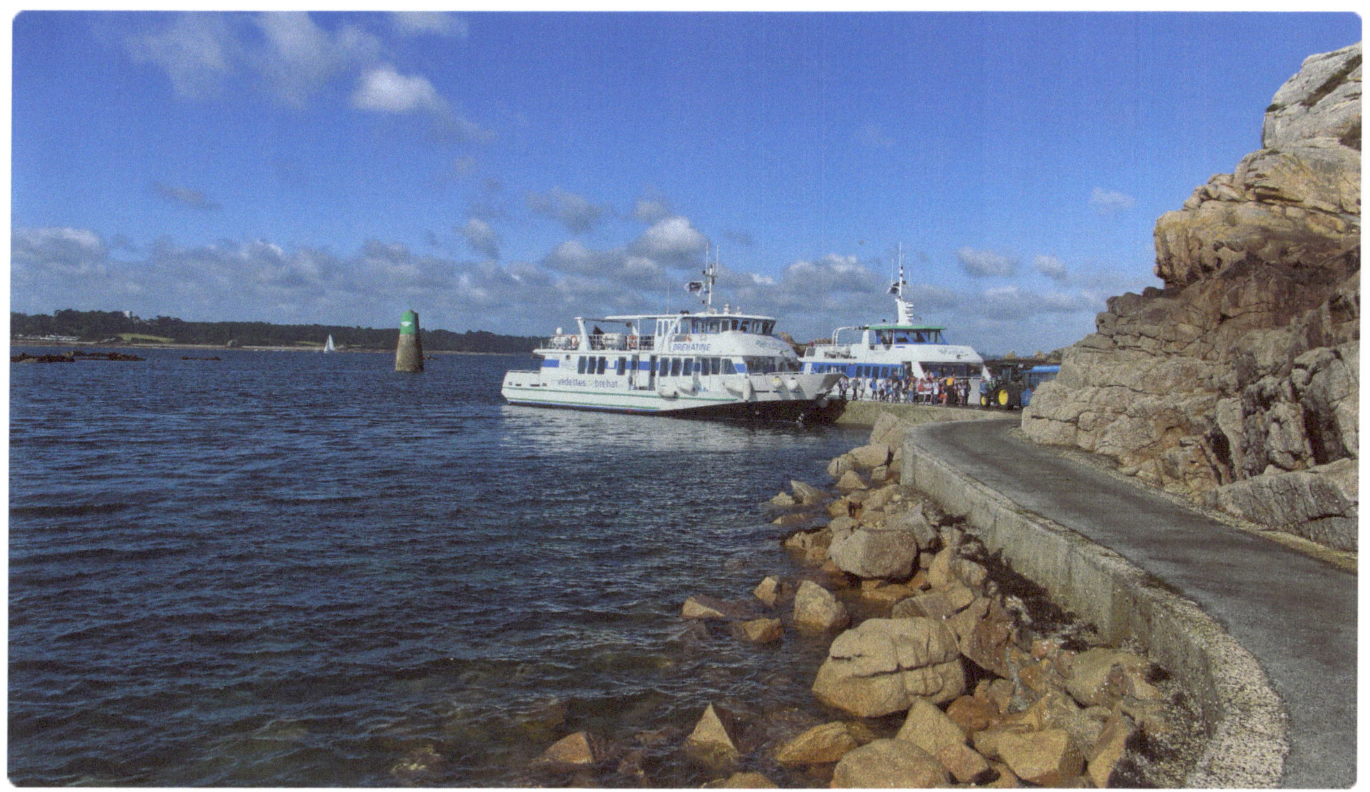

Nous poursuivons notre chemin jusqu'à la cale N°3 où est accostée une navette. Les premiers visiteurs arrivent. Notre prochaine destination nous mène à la citadelle.

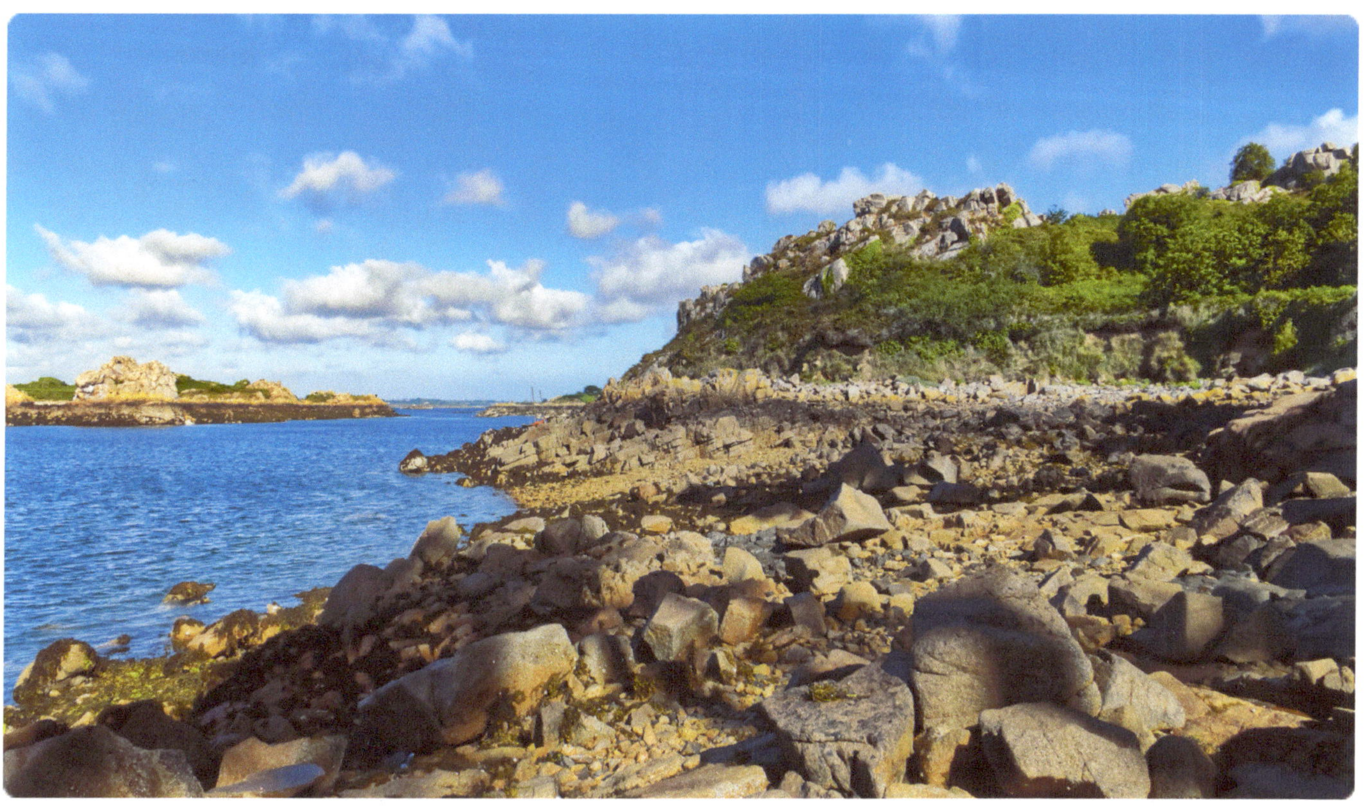

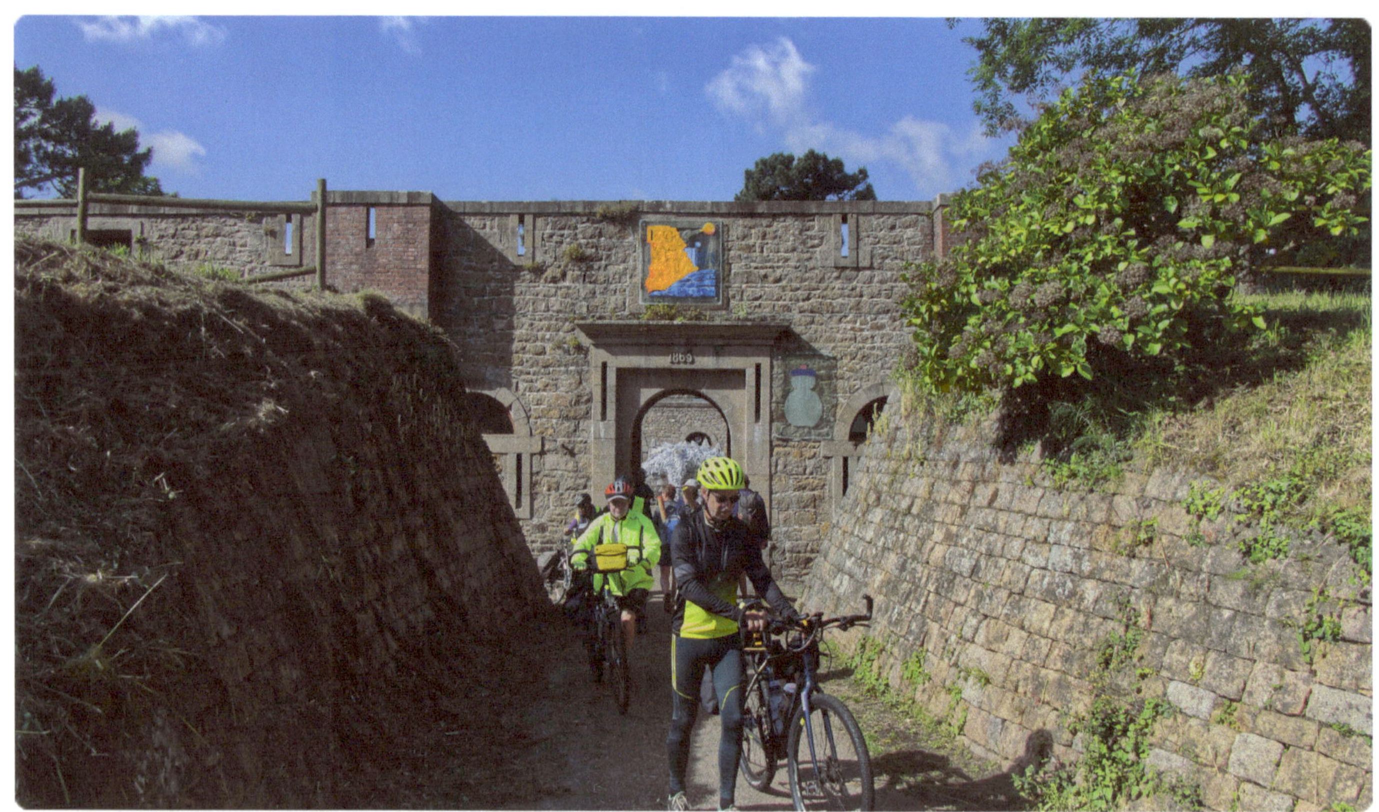

La Citadelle est construite en 1863, sous le Second-Empire. Ce fort a au départ une destination militaire.

Des soldats y logent jusqu'en 1875. Après l'affaire de Fachoda, incident qui oppose les français aux anglais en 1899, le fort est réarmé.

Des militaires en provenance de Saint-Brieuc et une batterie d'artillerie venant de Langres y sont installés. Toutefois, le fort ne connaîtra jamais le feu. Par la suite, l'édifice a longtemps servi de logement à des familles de l'île.

De plan carré, le fort est constitué d'une cour centrale entourée de pièces à usages divers (casernement, prison, logements..). Toutes les pièces, en pierres, sont voûtées ; pour éviter les incendies, le bois a été exclu des matériaux de construction. L'édifice est entouré de douves, désormais comblées au niveau de l'entrée. A l'origine un pont-levis mobile permettait l'accès au bâtiment. La terrasse est protégée par un garde-corps, avec une alternance de meurtrières et de canonnières.

L'édifice a été restauré en 1998. Désormais ouvert à la visite, le fort abrite une verrerie d'art .

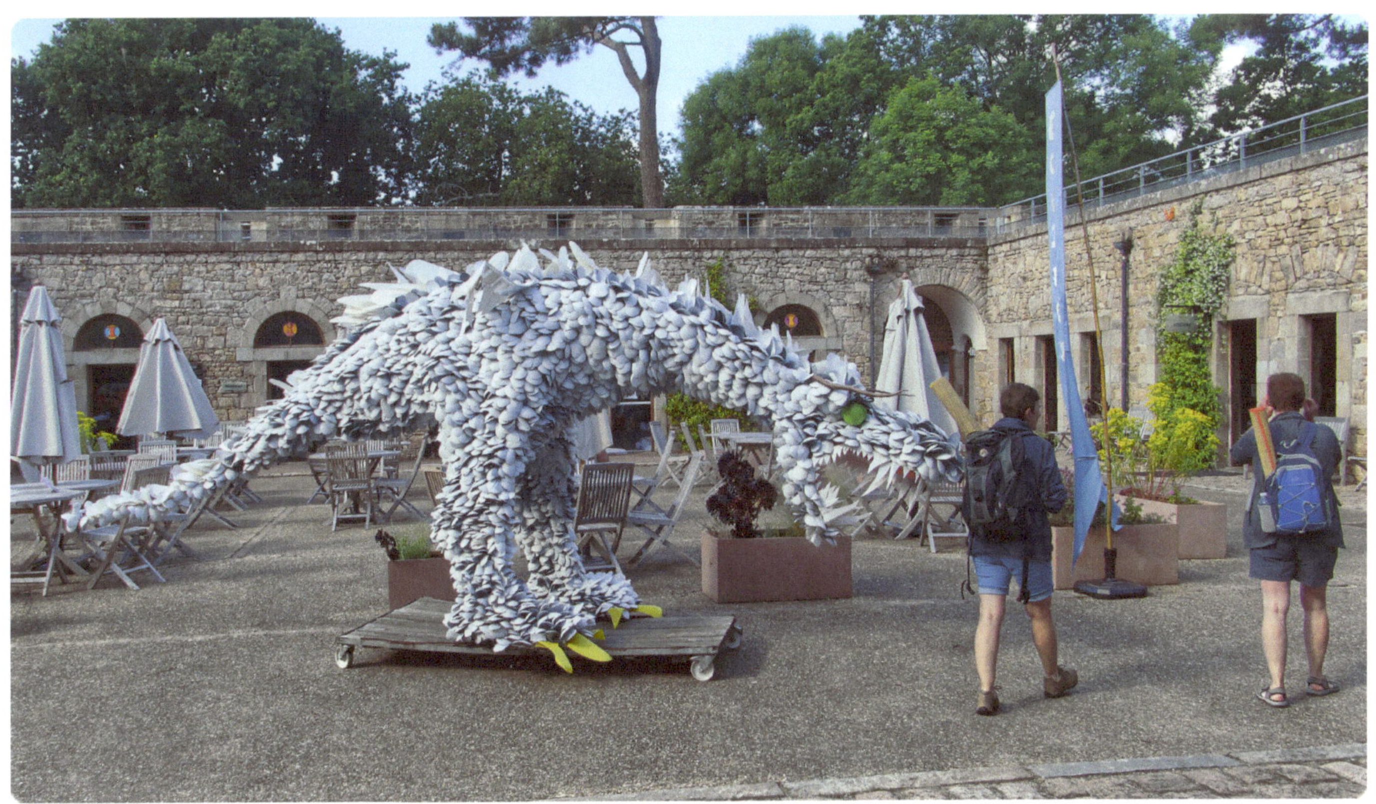

« **Équinoxe** » La Dragonne » réalisée par l'artiste Paul Rouillac. Cette sculpture est confectionnée uniquement avec de la récupération, du fer à béton, du grillage à poules et des palettes de bois pour la structure. Les 6 535 écailles sont découpées dans 1 307 bouteilles plastiques récoltées par les habitants de l'île de Bréhat. Sa crête, son dentier et ses griffes proviennent de 36 bidons plastiques. La Dragonne mesure 6 m de longueur pour une hauteur de 2 m.

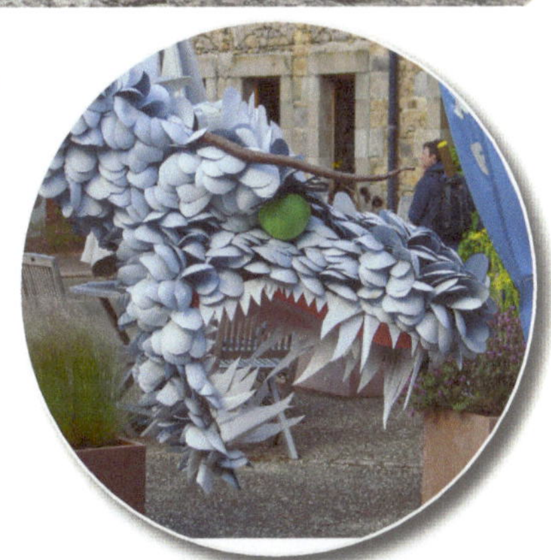

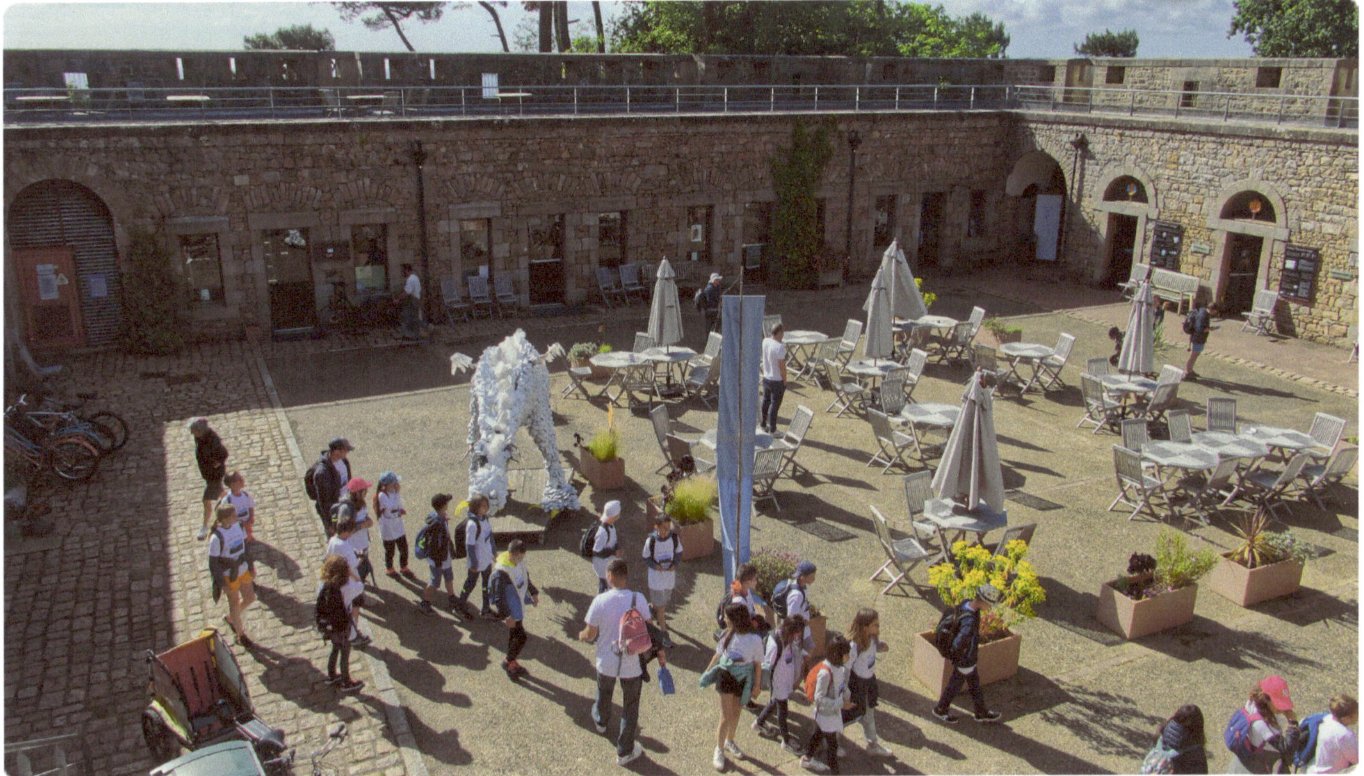

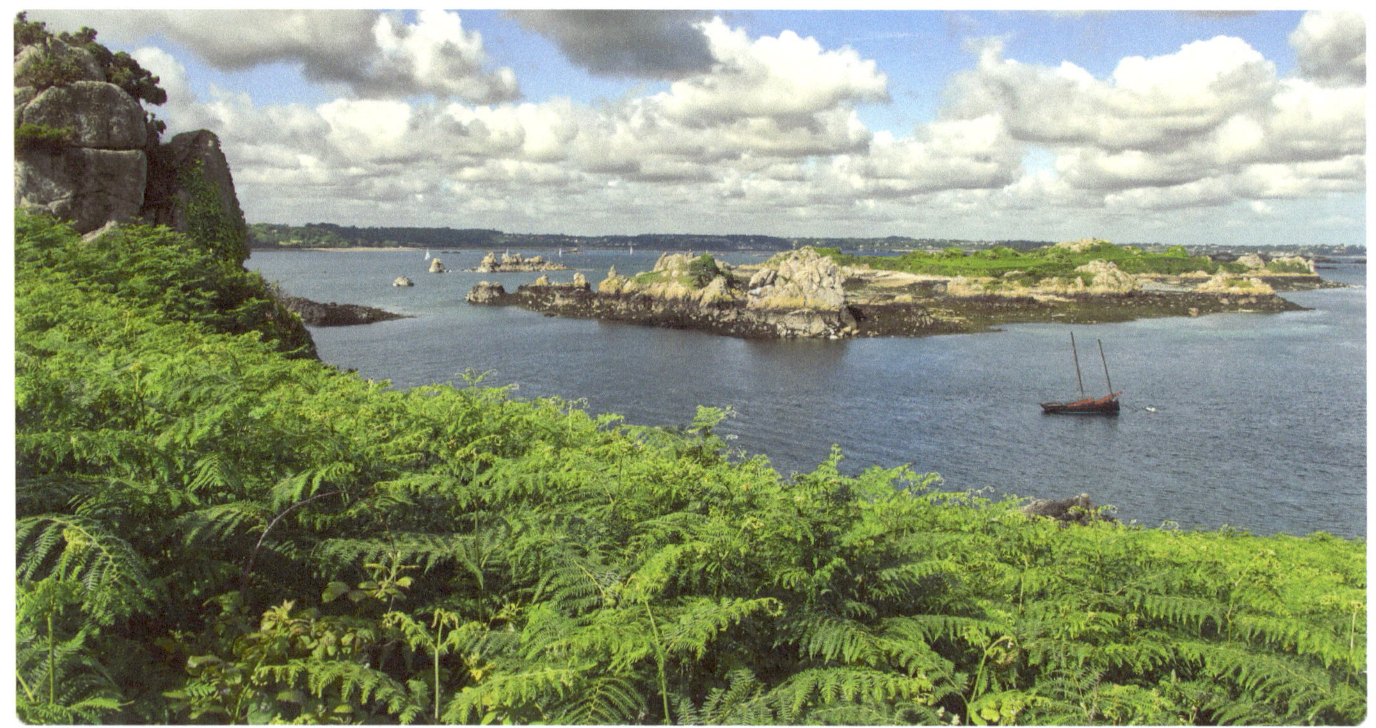

Après l'intéressante visite de la citadelle, nous empruntons le chemin côtier pour rejoindre la plage où est échouée une épave.

Devant l'île Béniguet, le sardinier « Eulalie » est au mouillage à l'abri entre les 2 îles.

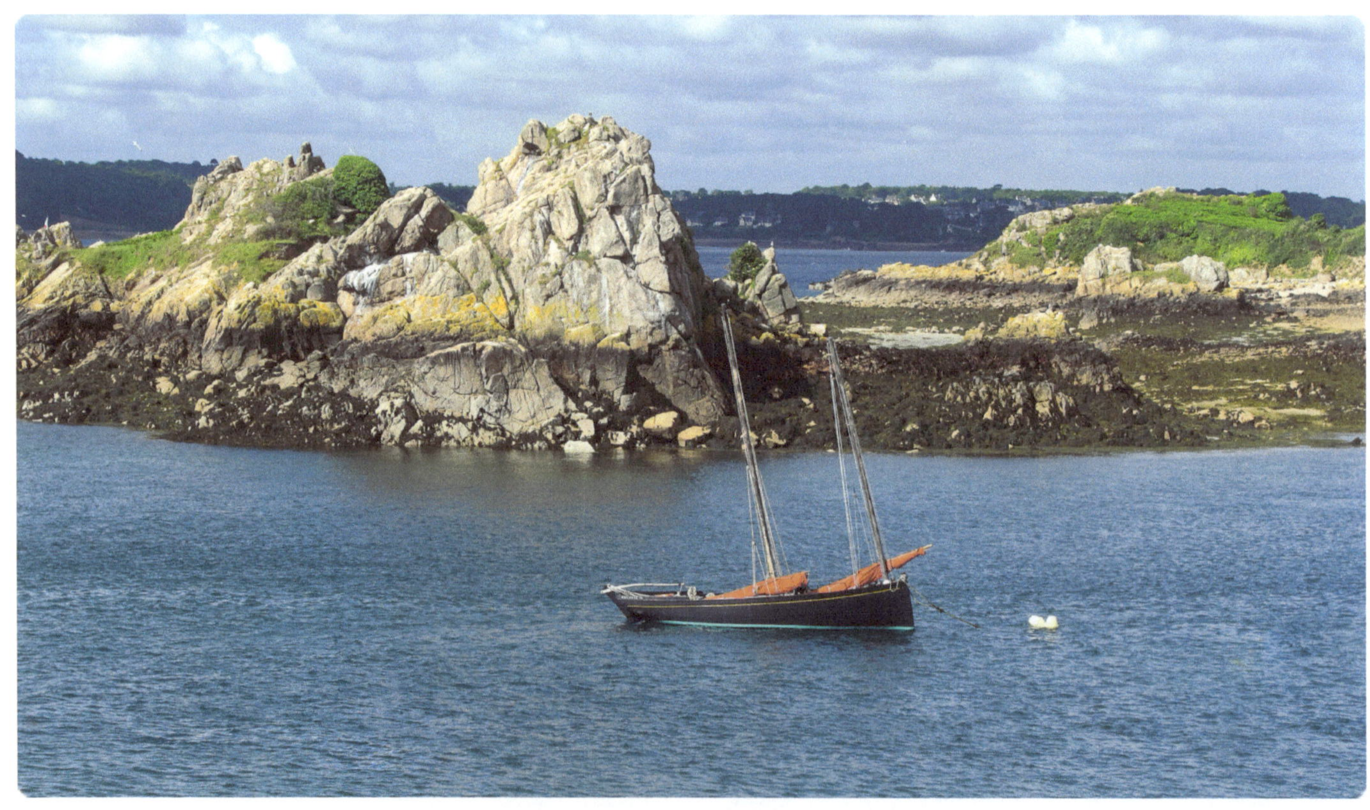

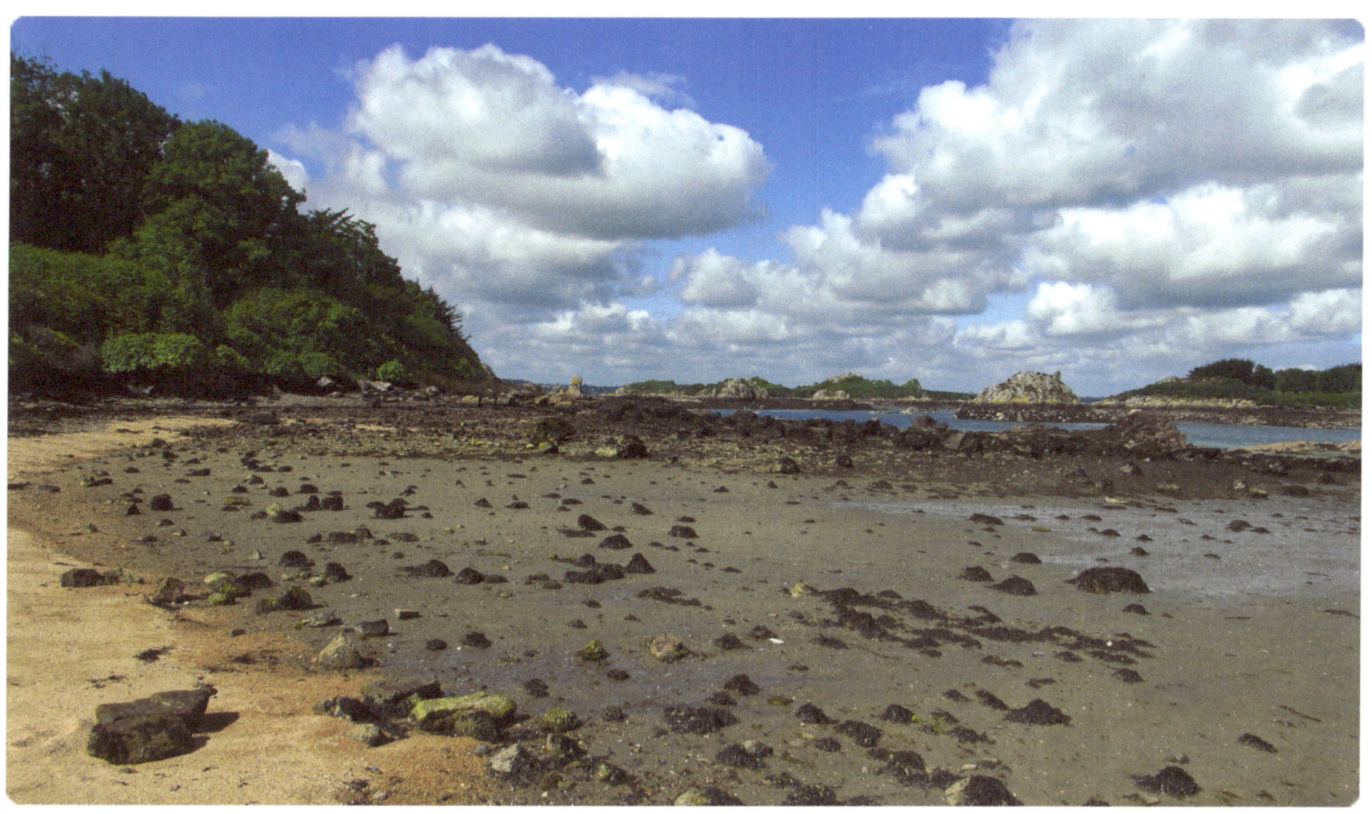

La marée basse nous permet d'accéder plus facilement à la plage de Nod Goven. L'épave « La Jeannine Christiane » ancien langoustier thonier, construit à Audierne en 1959, est venu s'échouer et finir sa vie sur la plage.

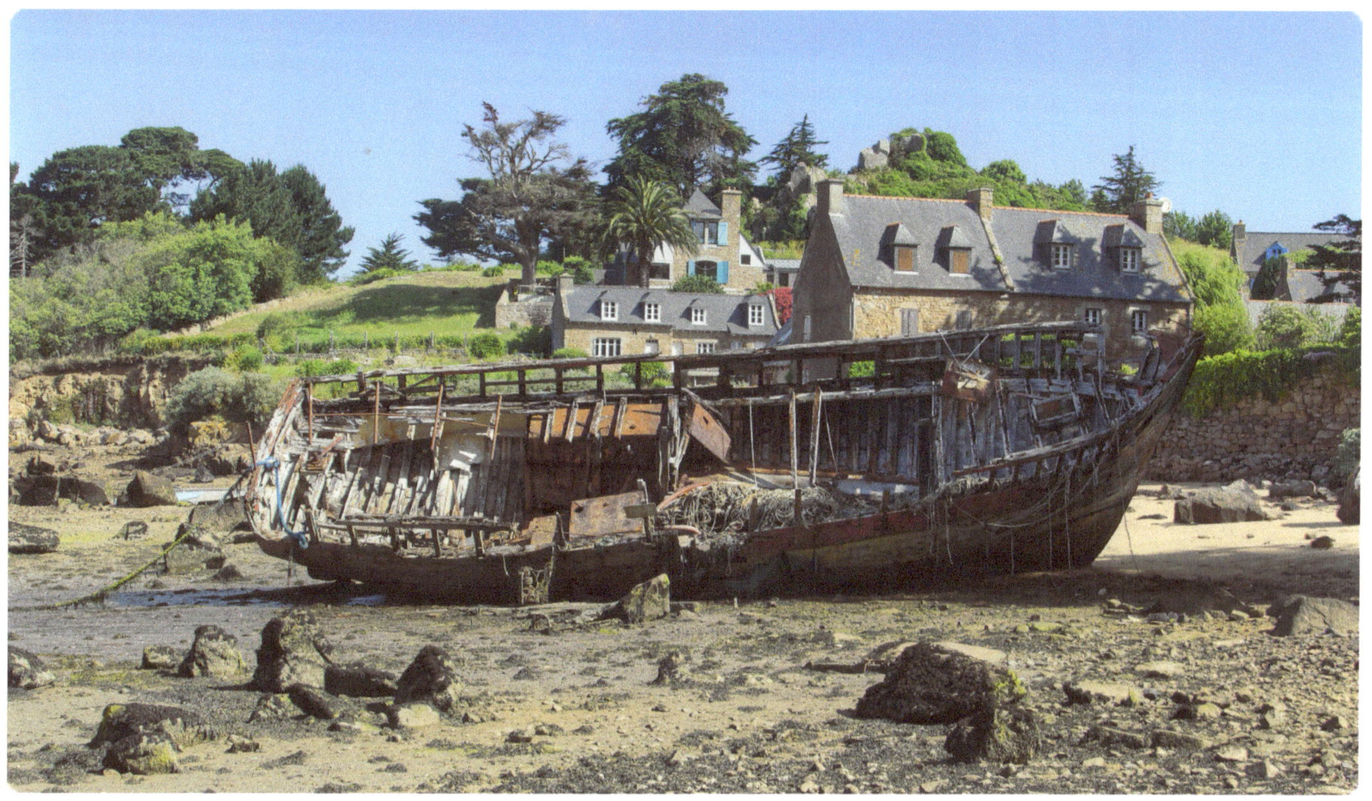

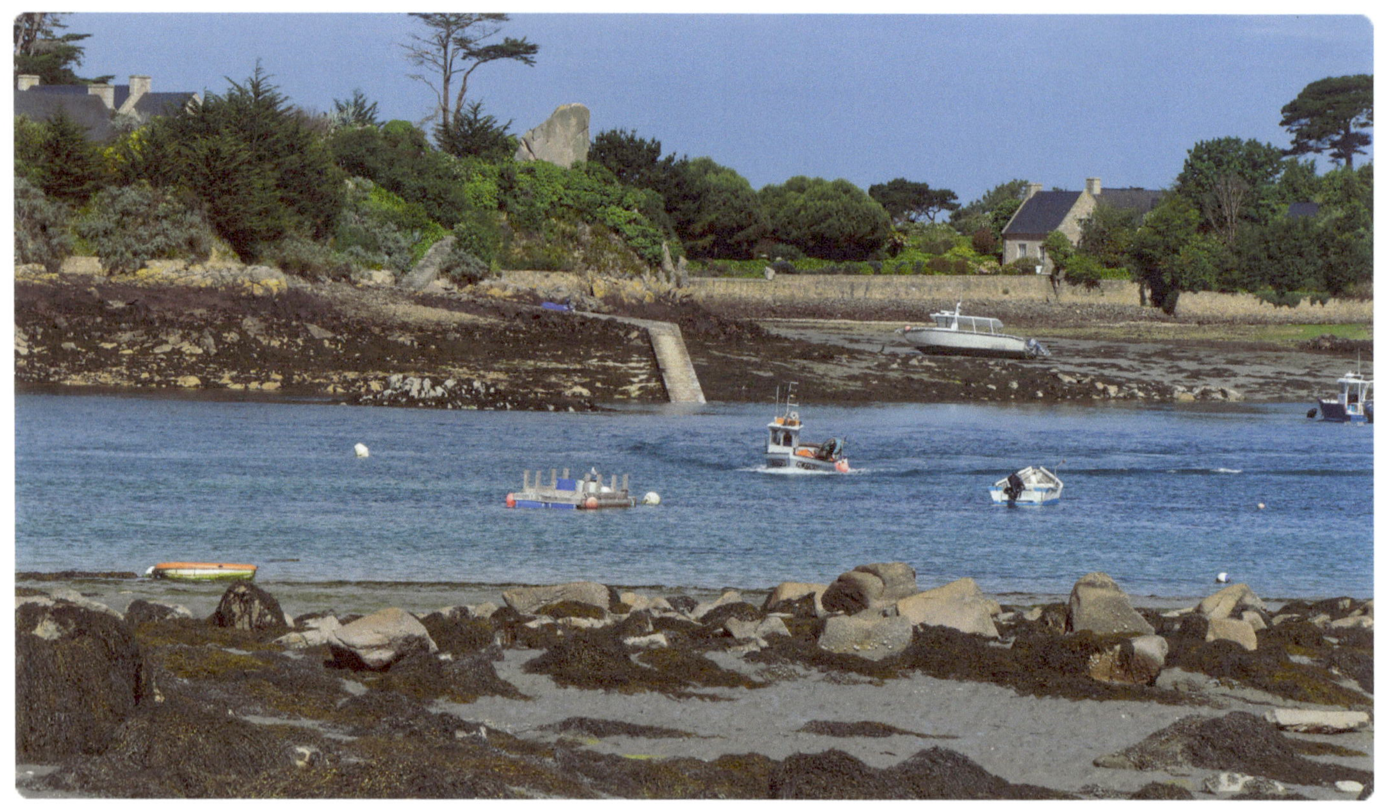

Au delà du tourisme, les îliens travaillent dans différentes activités comme la pêche et l'agriculture.

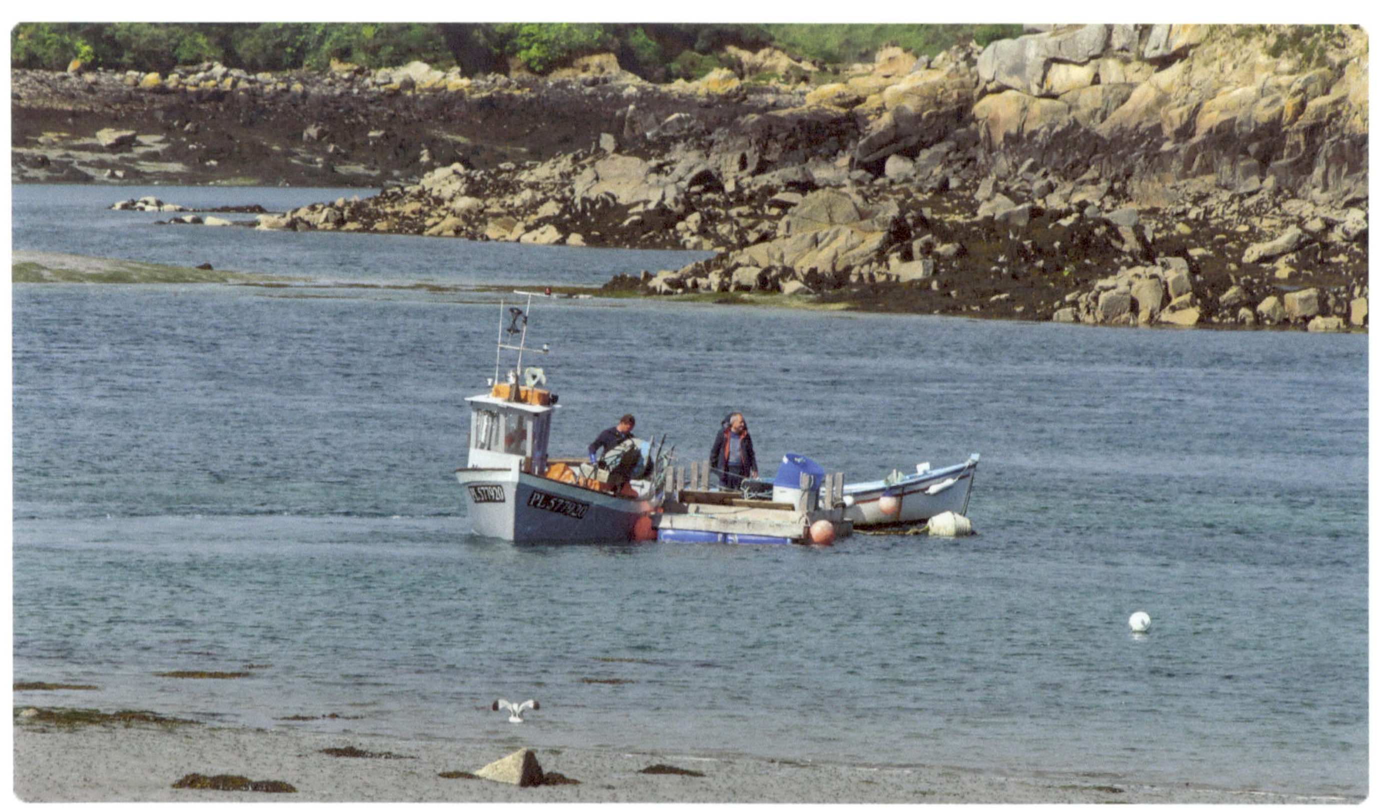

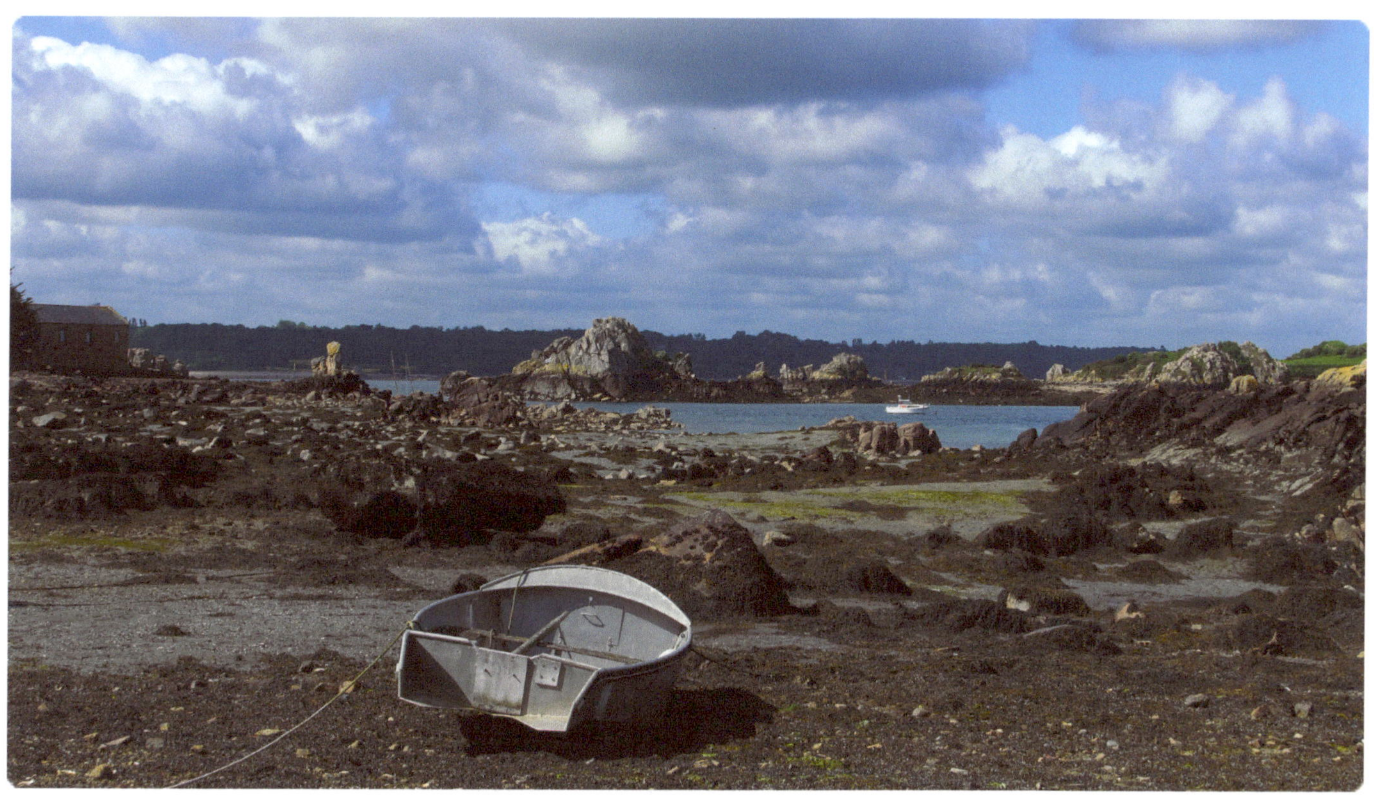

En route pour le Moulin à marée du Birlot. Sa spécificité réside dans l'alimentation en eau de mer du mécanisme. Il ne fonctionne pas directement avec le courant de la marée qui actionnerait sa roue, mais se sert néanmoins de celle-ci pour remplir l'étang qui lui sert de réserve d'eau. Le moulin ne peut tourner si sa roue est immergée, l'inertie est trop importante. Ce moulin peut produire pendant 6 heures à chaque marée.

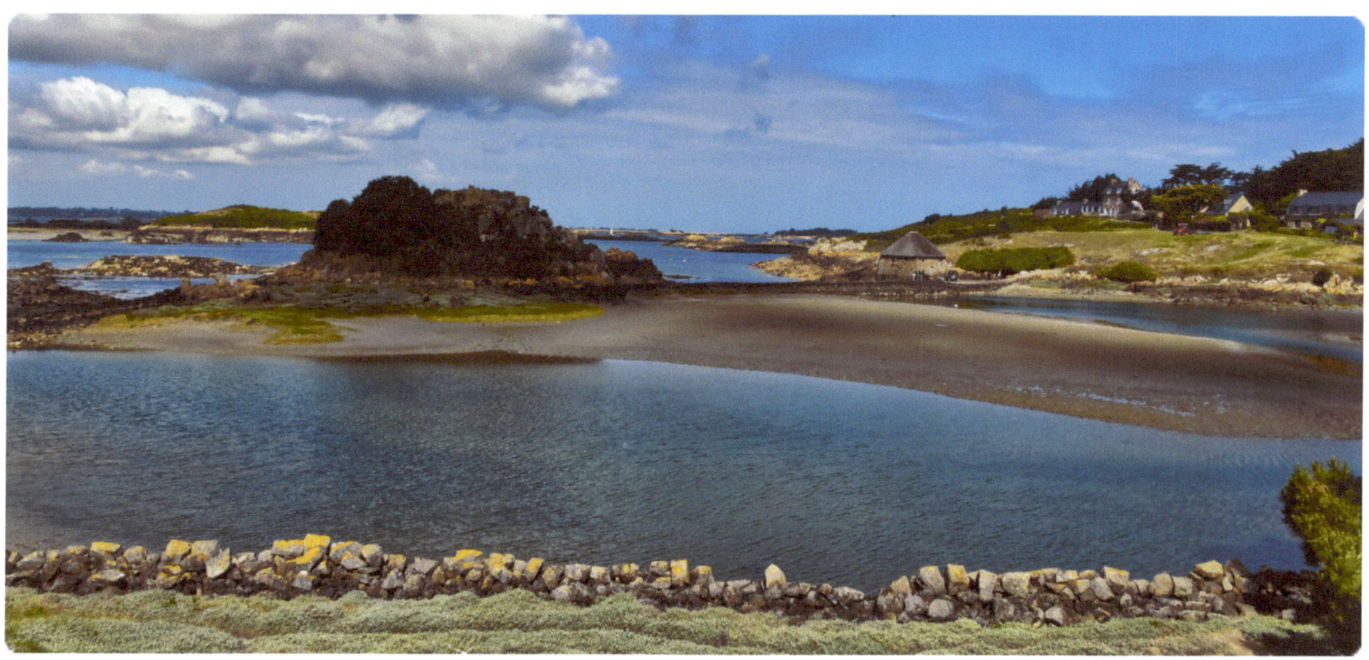

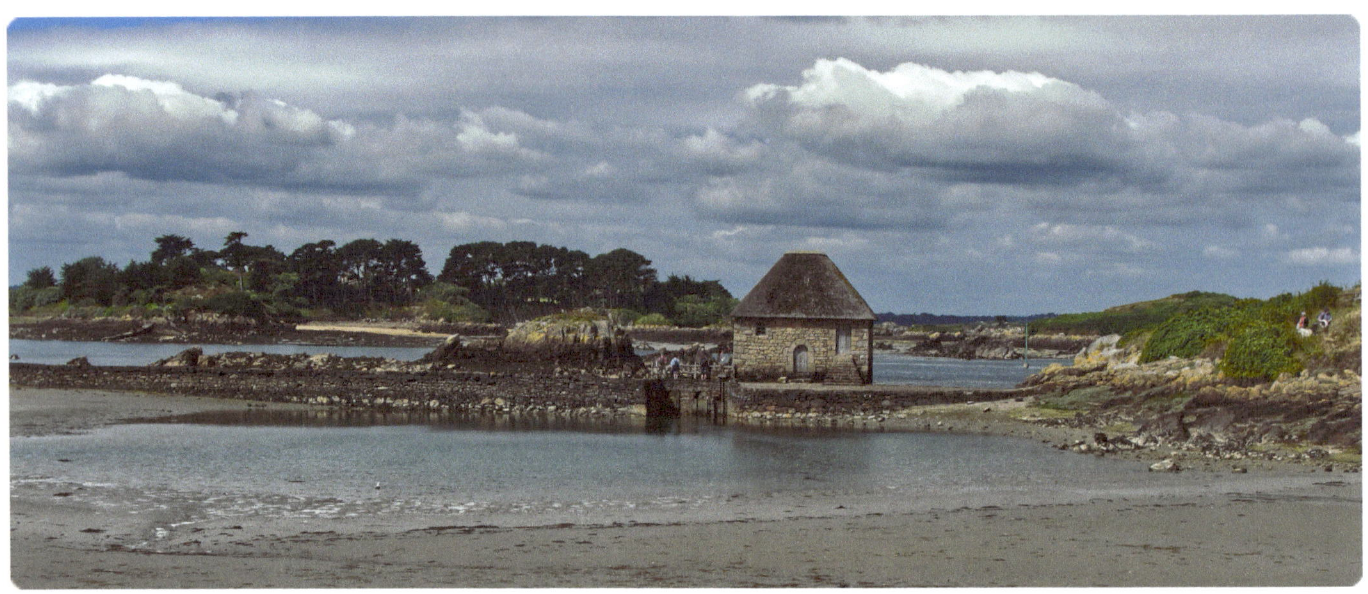

Le moulin du Birlot a été construit de 1633 à 1638 par le Sieur de Tanouarn sur ordre du Duc de Penthièvre, seigneur de Bréhat, sur le chenal de Kerpont. De gros travaux ont été réalisés en 1744, date que porte le linteau de la porte cintrée. Il a produit de la farine jusqu'en 1920, date à laquelle un boulanger vient s'installer sur l'île.

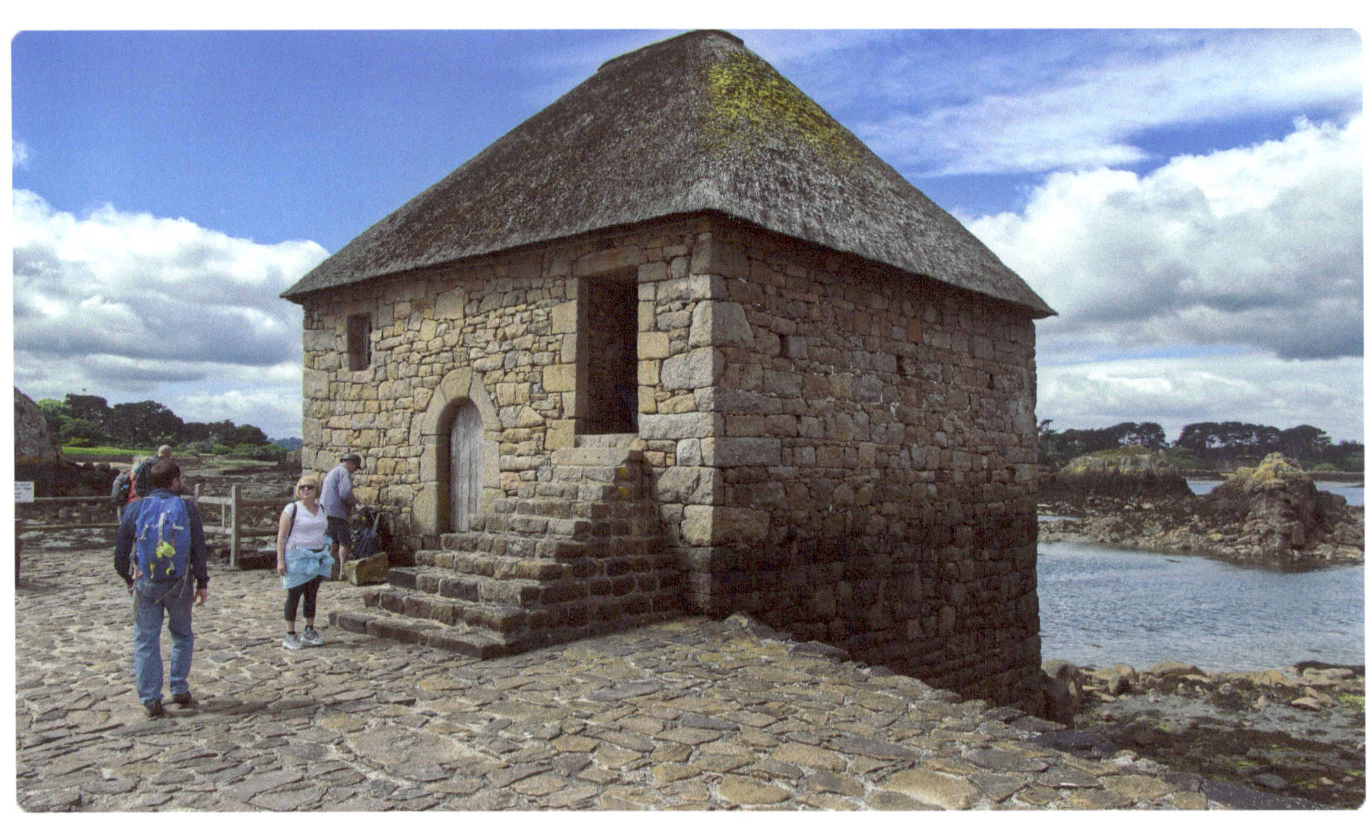

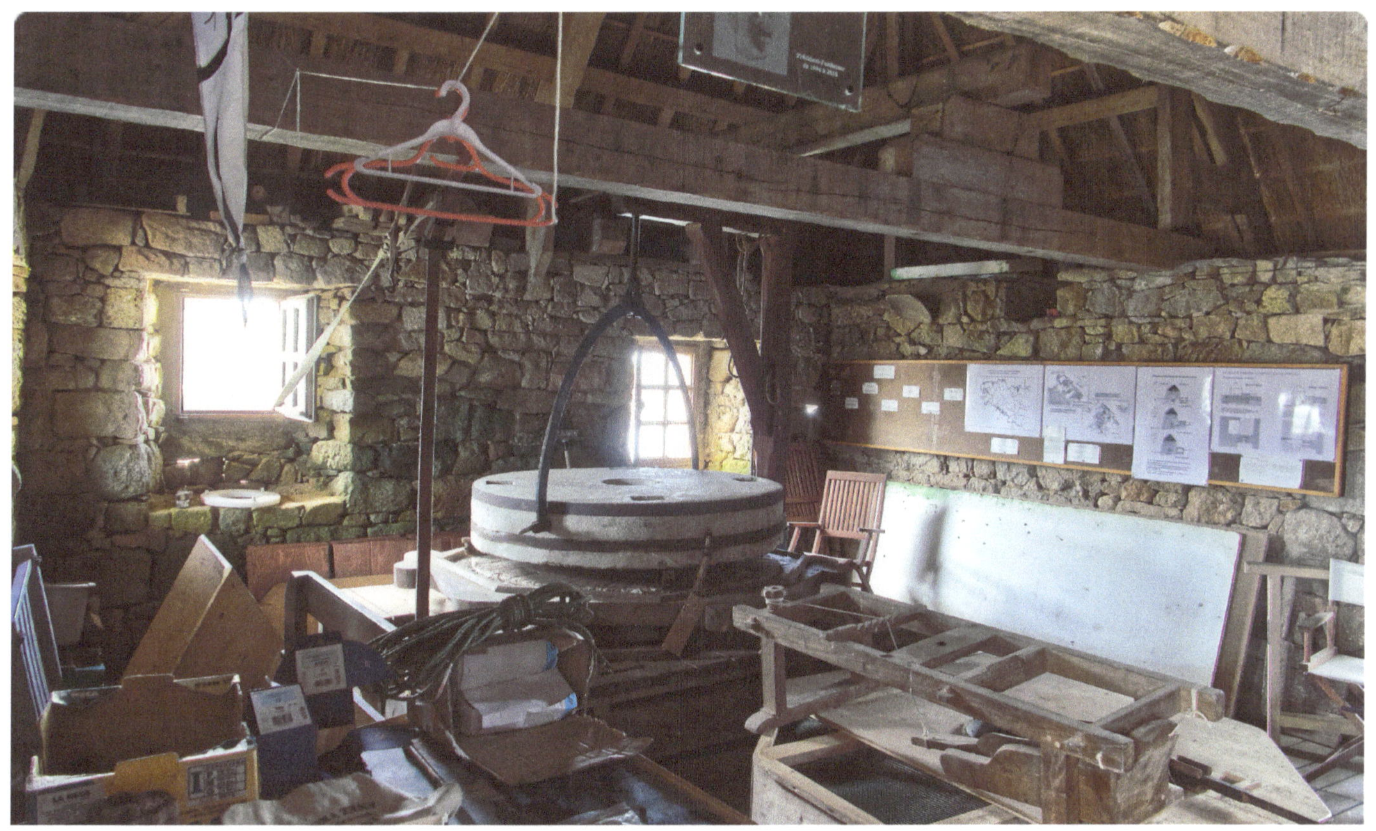

En quittant le moulin du Birlot, nous passons par hasard devant un arbre sur lequel flotte un drapeau corse. Apparemment il s'agirait d'un corse venu s'installer sur l'île de Bréhat et qui marque son territoire. Notre prochaine étape nous mène vers la Chapelle Saint-Michel.

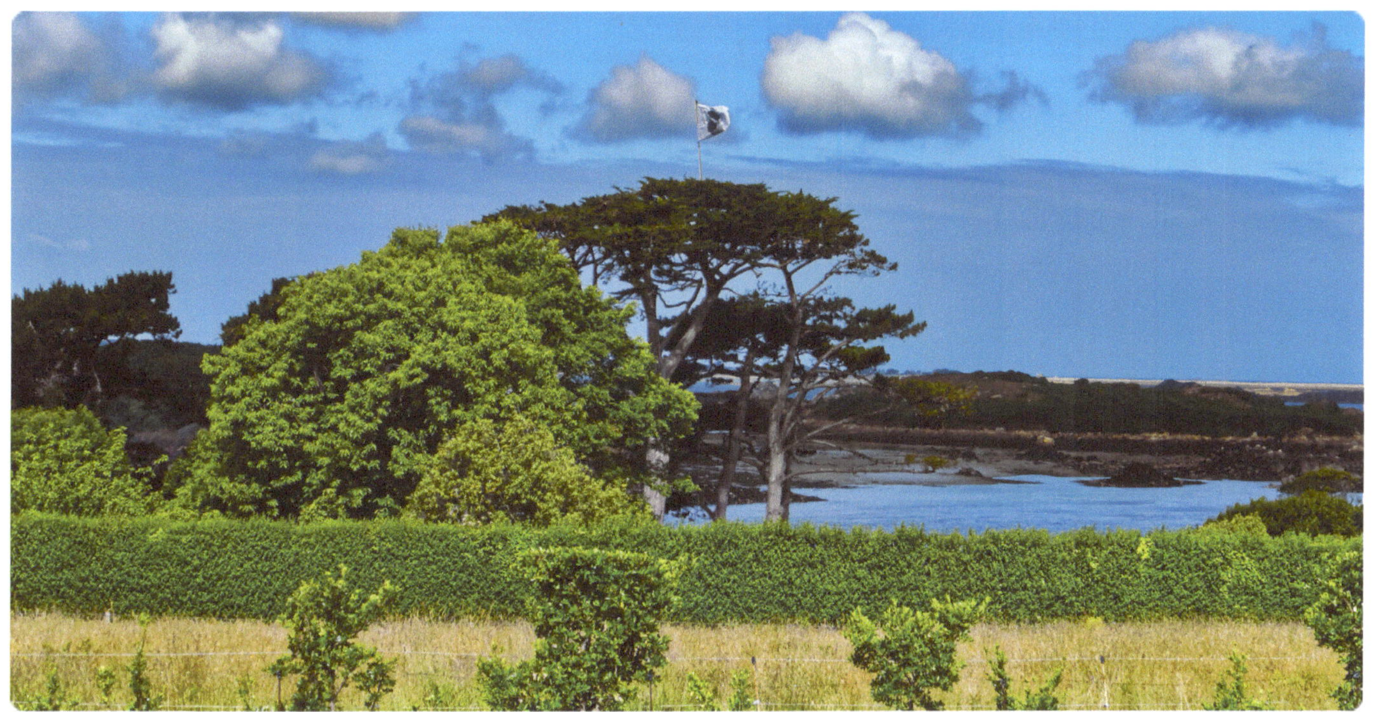

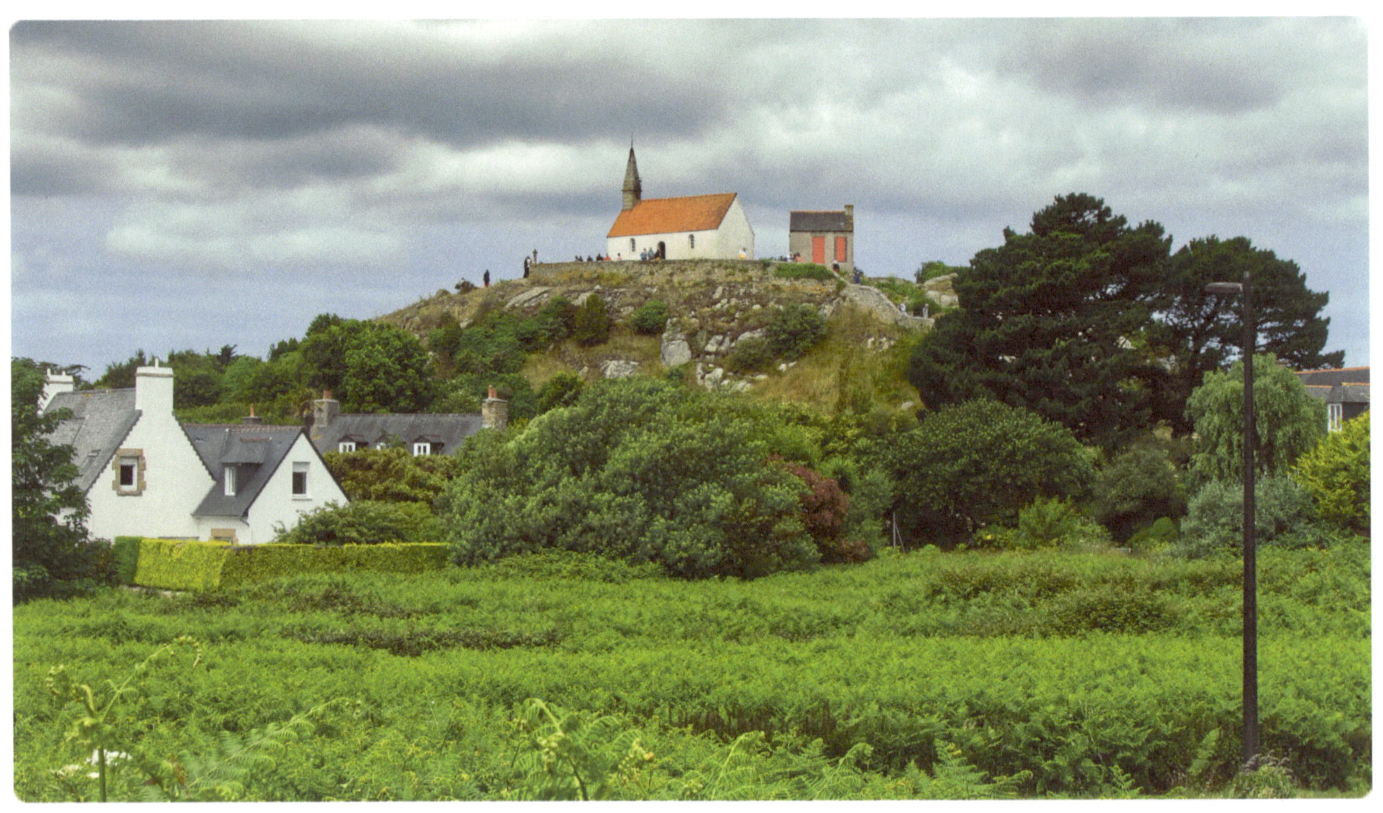

Erigée sur le point culminant de l'île de Bréhat, à 33 mètres au-dessus du niveau de la mer, la chapelle Saint-Michel sert de point de repère pour la navigation en mer.

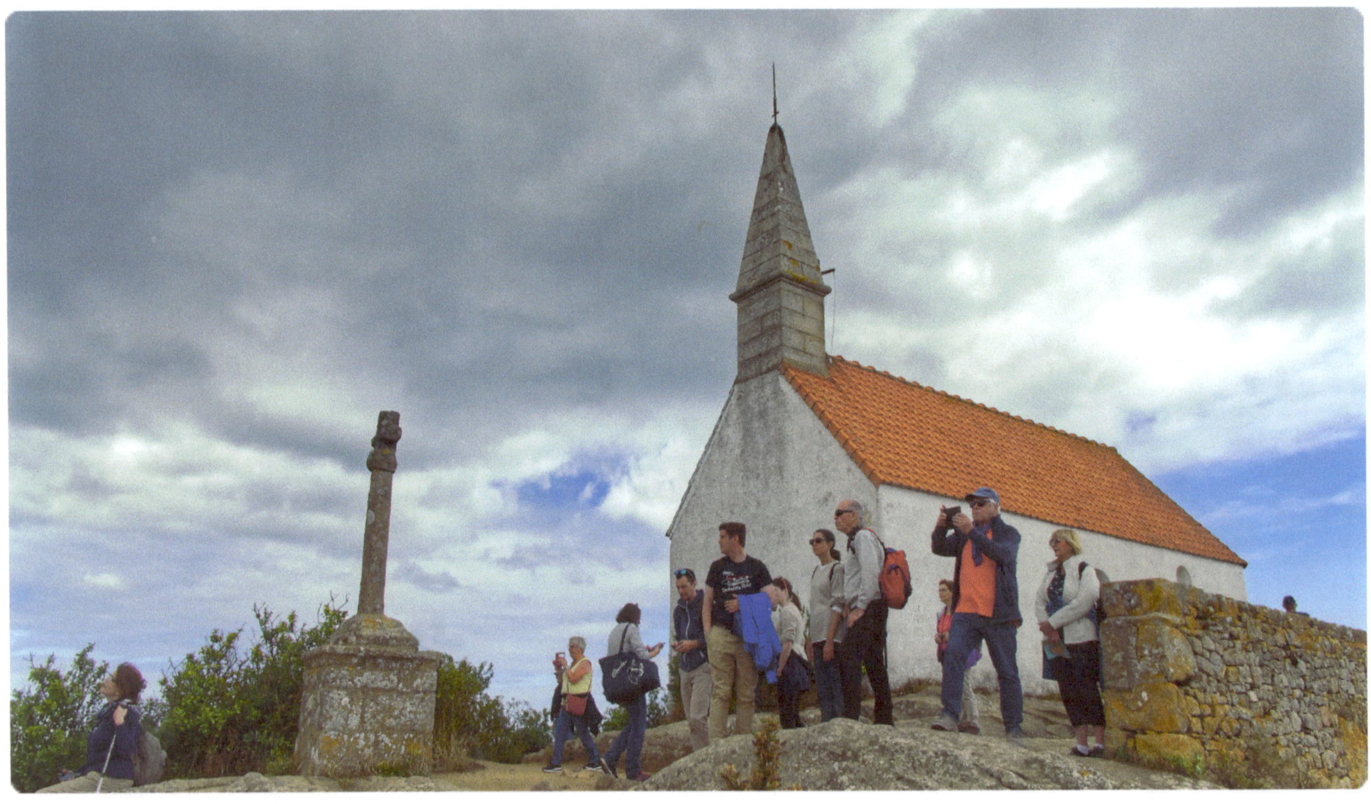

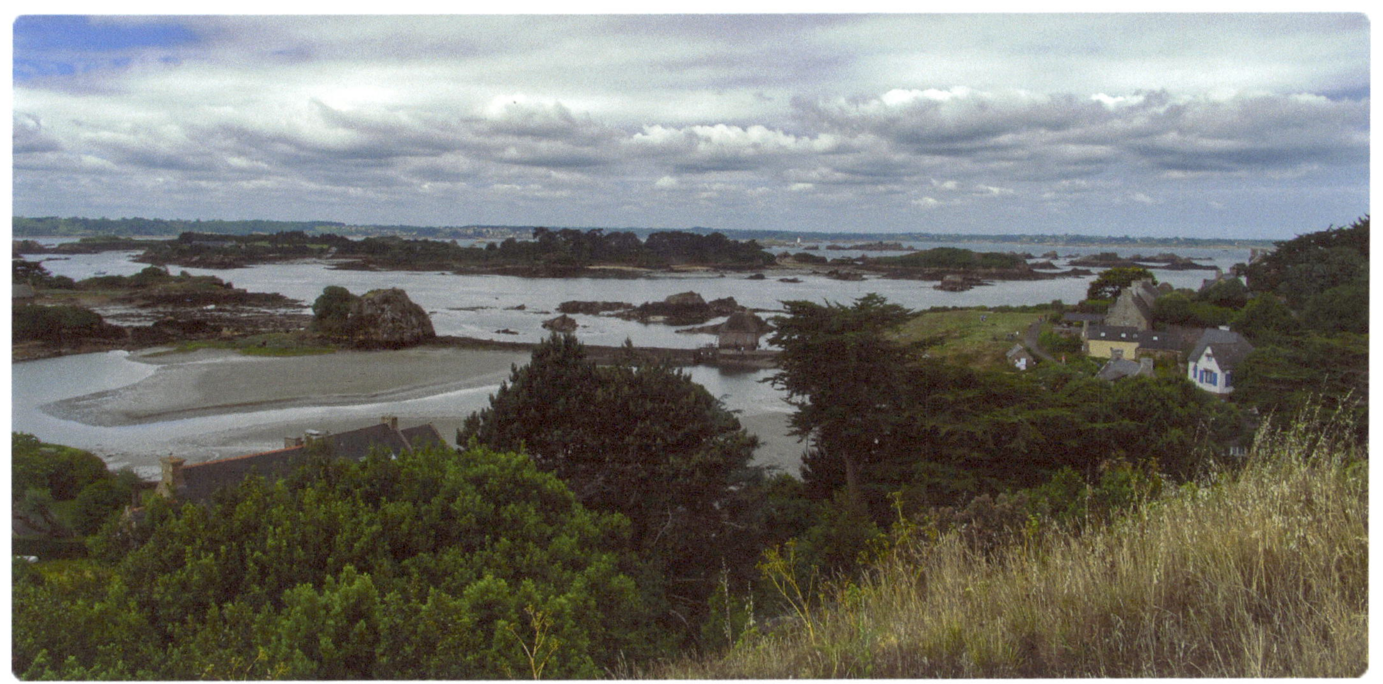

La vue du haut de la Chapelle est imprenable que ce soit côté mer ou coté terre.

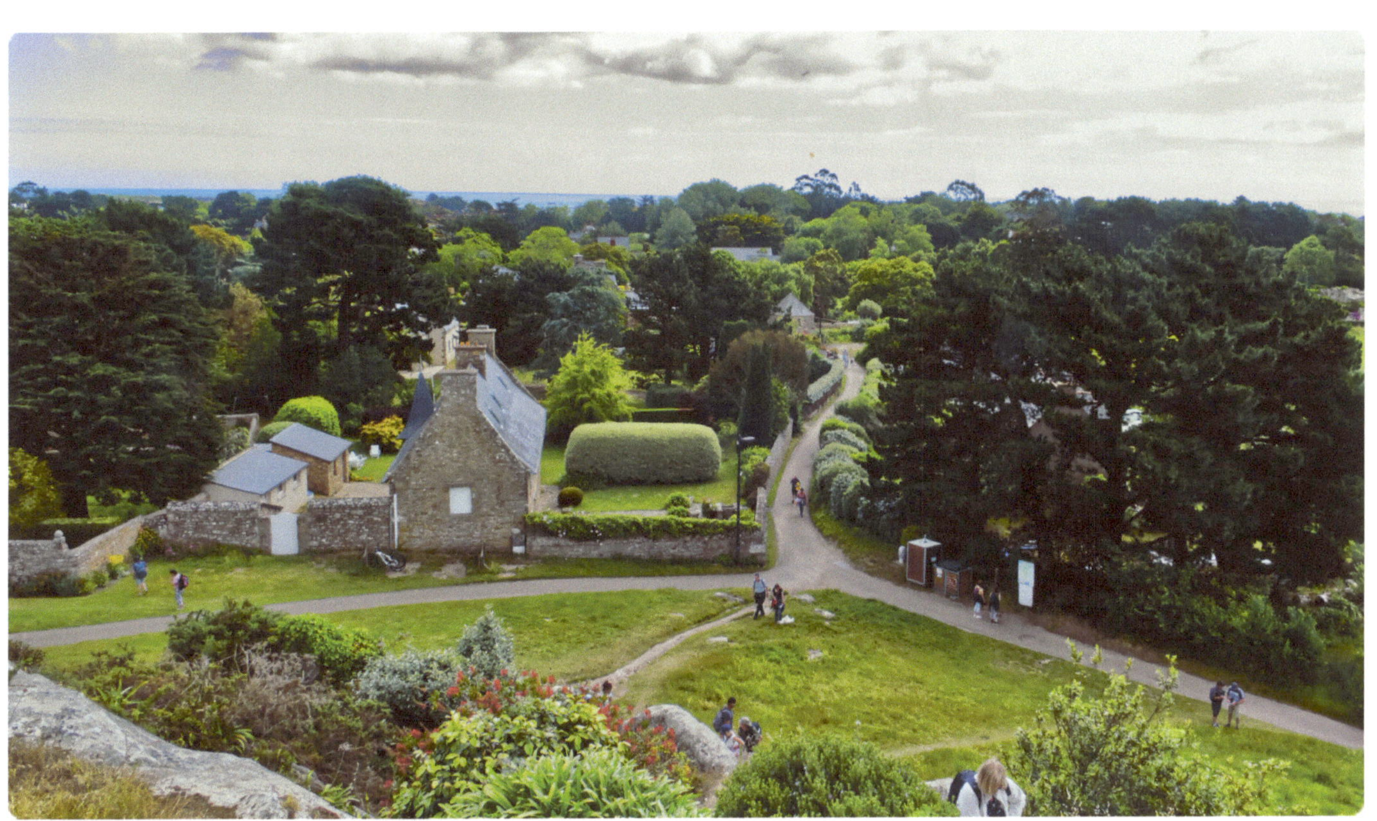

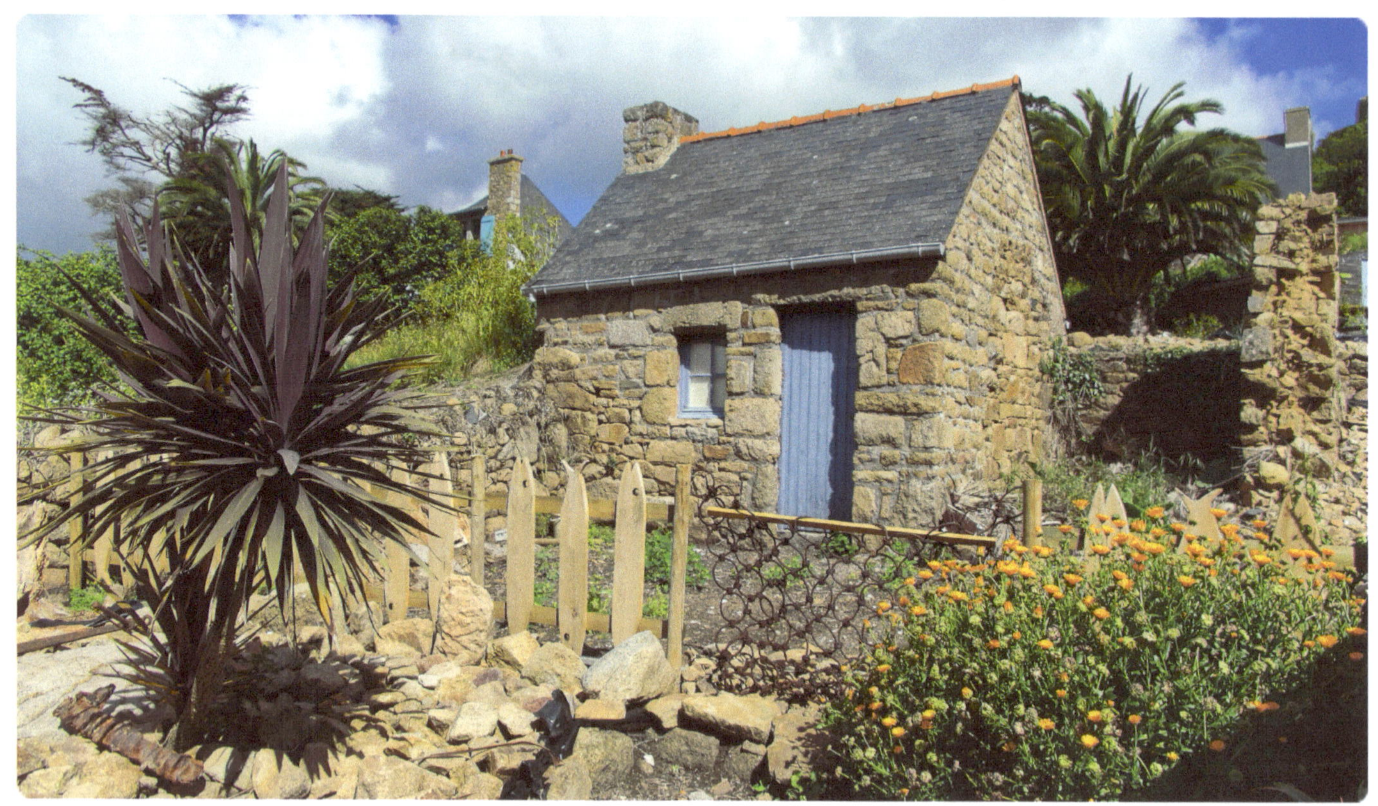

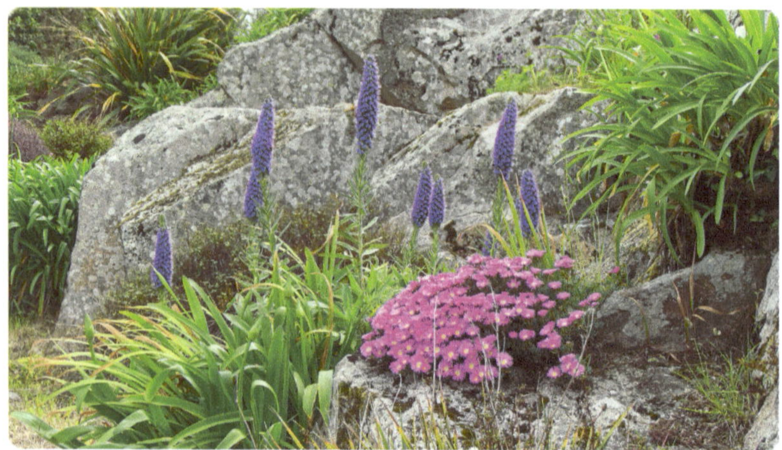

La réputation de l'île aux fleurs n'est pas galvaudée!

Nous avons passé 2 jours formidables à nous promener dans un endroit paisible.

La soirée nous a permis de découvrir une île désertée par les visiteurs, de profiter du silence, uniquement bercé par le bruit des vagues qui s'échouent sur la grève et d'admirer le ciel étoilé.

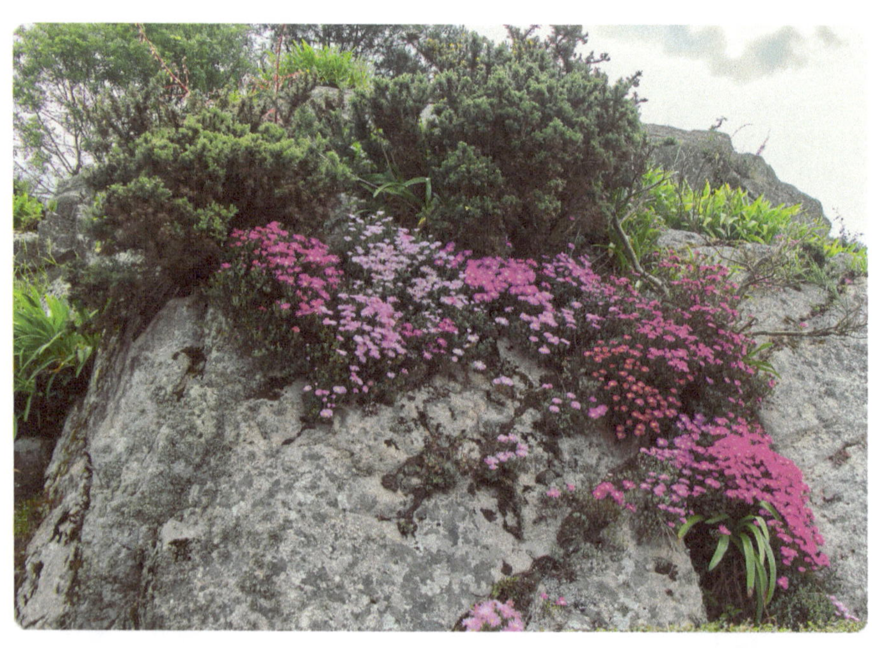

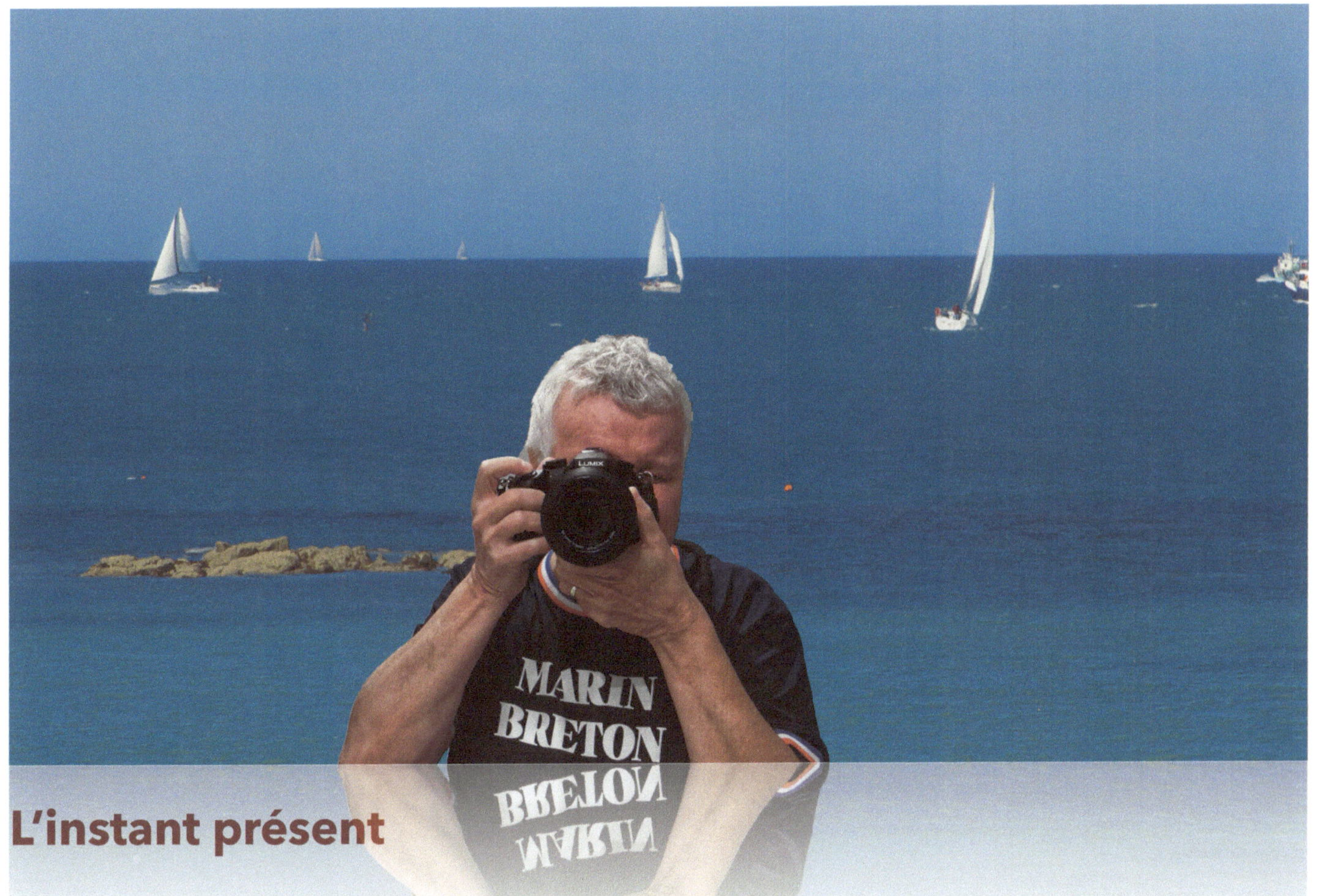

L'instant présent

La photo est pour moi l'aide-mémoire et le témoignage des beautés de notre planète et des événements que j'ai eu la chance de vivre.

Chacune de mes photos documente le regard que j'ai envie de partager avec vous...

Dans ce livre photo, je tenais à vous partager un séjour sur une des merveilles des Côtes d'Armor, l'île de Bréhat.

Cette visite n'est pas exhaustive, j'espère qu'elle vous donnera envie de découvrir cette île du Ponant par vous-même.

Souriez, vous allez être photographié. 📸

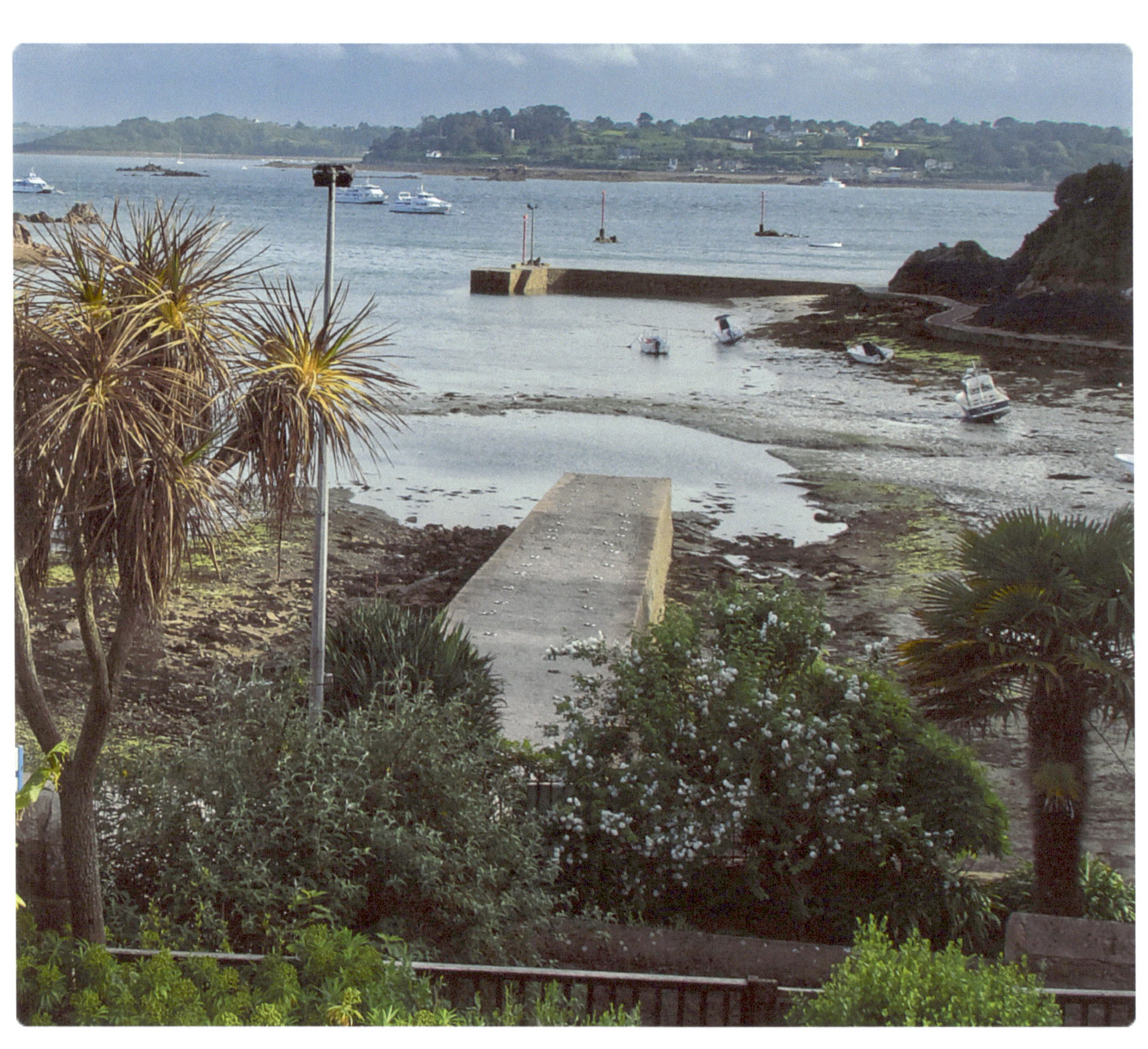

ISBN : 978-2-9554187-7-2